台湾有事どうする日本

2027年までに中国の台湾侵奪はあるか

一般財団法人
東アジア情勢研究会［編］

方丈社

本書を、台湾元総統 李登輝先生に捧ぐ

まえがき

東アジア情勢研究会は２０１８年、台湾、李登輝元総統の発意で発足した。その直後、李登輝元総統の体調が優れず、一時取り止めの方向で考えていたが、やはり、日本と台湾の強固な関係構築が東アジアの安定と平和に資するものと考え、日本で財団を創設し、李登輝元総統の願いを実現しようと思い立った。２０１９年に一般財団法人として立ち上げ、活動を本格的に開始した。

とはいえ、資金難は、財団の存続を危ういものにしたが、幸いにも、多くの賛同者の方々のお力添えもあり、活動の継続が可能になったことに、多くの賛同者、会員の皆さんにまずもってお礼を申し上げる。

そのおかげをもって、昨年は８つの提言『東亜八策』を冊子にまとめ、各界の識者、会員の皆さんに提案させていただいた。その８項目を改めてここに記す。

提言１　ＣＰＴＰＰへの台湾の正式加盟の支援を日本政府は国際社会に求めること

提言２　台湾を地域として組み込んだ「国際交流基本法」を制定し、「台湾加油」政策と日米

台関係の強化に踏み出すこと
提言3　人道的救援措置を可能にするために自衛隊法（第84条の3）を改正すること
提言4　台湾人留学生に対する就職支援を促進すること
提言5　日台の安全保障・防衛協力強化のため、国際災害派遣、非戦闘員を退避させるための活動など実行可能なことに取り組むこと
提言6　日本が東アジアで果たすべき役割を明確にし、中国包囲網を形成するための「東アジア共同体（アジア版NATO）」を創設すること
提言7　国際シンポジウム「独裁と民主主義の戦い」の開催や日台共同プロジェクト「李登輝研究」の発足、そして、「民主主義と日本と台湾」に関する顕彰制度を創設すること
提言8　民間交流、とりわけ地方交流、若者交流の促進を強力に推進すること

昨年の、この『東亜八策』の8項目の提言は、今日の東アジアを俯瞰するとき、まことに的確適切な提言であったと思う。

中国の中華思想による領土拡大は、その卑劣さを増幅させ、予想通り、近隣諸国への侵犯行為、また、近隣少数民族を残虐なまでに迫害し、まさに非人道的行為を展開している。とりわ

け、中国が一度も支配したことのない台湾を、自分の領土と言い立てていることは、多くの国々から猛烈な反発を招き、米国、インド、オーストラリア、フランス、ドイツ、英国などは、反中国の立場を明確にしている。

米国のデービッドソン米インド太平洋軍司令官は、本年（２０２１年）３月９日、「６年以内に中国の台湾侵攻があり得る」と表明。その米国の危機感からか、４月17日に行われた菅・バイデンによる日米首脳会談後の共同声明で、１９６９年以来52年ぶりに、「台湾」が記述された。すなわち、インド太平洋地域と世界の安定のためには、日米関係を一層強化することが求められ、「日米両国は、台湾海峡の平和と安定の重要性を強調するとともに、両岸問題の平和的解決を促す」と言及している。

とはいえ、「台湾有事」の際、日本は具体的にどうするのか。運命共同体の台湾を見殺しにするのか。価値観を同じくする台湾を捨て置くのか。それが、日本国民として心情的に許されるのか。それが武士道の国の対応か。また、台湾の中国併合は、そのまま日本はじめ東アジア各国の属国化を意味することになるが、それを是とするのか。さまざまな対応を考えるべきときだろう。

では、日本は、どう動くべきなのか。憲法をはじめ、現在の防衛関係法での制約をどのようにクリアすべきか。そのような問題意識から、この度、広く国民の皆さんに、識者の見解を例示的に提示し、ご参考に供するとともに、読者の方々からも、日本のとるべき対応策の提案を頂きたく、本書を上梓する次第である。

今回の本書においての識者の見解は、

序　章　次の100年に向け台湾と日本の民間交流をいかに強化するか
第1章　日米豪印と英「拡大クアッド」の確立と台湾
第2章　日台が民主主義の発展で国際社会をリードするために
第3章　中国の海洋侵出を抑止する日台米間の安全保障協力
第4章　台湾の地政学的地位と中国の統一戦略
第5章　米国インド太平洋軍の台湾防衛
第6章　李登輝総統が願った「日本版台湾関係法」の実現
第7章　日台第1列島線同盟タスクフォースFICATの構築
第8章　テクノロジーにフォーカスすべき日本と台湾の新外交戦略

である。

「TAIWAN IS TAIWAN（台湾は台湾）」と、自主自立、自主独立の信念を貫き、ただただ、「台湾の平和、繁栄、国民の幸福」を願い続け、また、日本の伝統精神を高く評価し、台湾と日本は、「運命共同体だ」と言い続けた台湾・李登輝元総統の遺志を、我々が引き継ぐべきではないか、改めて、多くの心ある読者の皆さんと、その意識を共有したいと願う。

なお、本書上梓にあたっては、フレンズ・ホールディングス社長の渡部行雄氏に多大なるご支援を頂いただけではなく、財団運営にも大いなるご貢献を頂いている。心から感謝の意を表したい。

また、大矢建設株式会社社長の大矢金太郎氏にも、思いがけずのご支援、お力添えを頂いた。厚くお礼を申し上げる。

さらには、多くの賛同者、とりわけ日台関係に強い関心と不安を持っている方々から、ご協力を頂いた。記して、深甚の感謝を申し上げる。

併せ、本書作成のために、株式会社方丈社社長・宮下研一氏、山田雅庸氏、並びに畏友・中村由紀人氏に多大なお力添えを頂いた。加えて謝意を表したい。

台湾の故・李登輝元総統も大いに喜んでくれていると思う。改めて、お力添え頂いた非常に多くの方々に、重ねて深く謝意を表する次第である。

令和三年六月十八日

一般財団法人東アジア情勢研究会
理事長　江口克彦

台湾有事 どうする日本

目次

装丁　上田晃郷
本文デザイン　印牧真和
組版　山口良二

序章

次の100年に向け
台湾と日本の民間交流をいかに強化するか

台北駐日経済文化代表処代表
元台湾行政院長
謝長廷

謝長廷（しゃ・ちょうてい）　１９４６年、台北市生まれ。１９７１年、国立台湾大学法律学科卒業。在学中に弁護士試験、司法官試験に合格。京都大学大学院に留学し、法学修士。１９７６年に同法学博士課程修了。台湾に戻って弁護士となり、１９７９年に起きた民主化要求デモ「美麗島事件」で逮捕起訴されたリーダーの弁護を務める。その後、台北市議会議員や立法委員（国会議員）、高雄市長を経て、２０００～２００２年に民主進歩党主席。２００５～２００６年に行政院長（首相）。２００８年の第12代総統選に民主進歩党の候補者として出馬したが、中国国民党の馬英九候補に敗れた。２０１６年６月から台北駐日経済文化代表処代表（台湾の駐日大使に相当）。

1 双方の間に外交関係はあるのか？

日本が1972年に台湾（中華民国）と国交を断絶した後、台日間に果たして外交関係はあるのかとは、よく聞かれるテーマである。厳密にいえば、外交とは国家間で、国家や政府を代表する外交官が、協議や交渉、交流などを行う過程を指すものであるから、狭義の定義では、台日間には外交関係は存在しないといえる。

しかし、台湾と日本は代表処（代表事務所）を相互に設置しており、台湾側は「台湾日本関係協会」、日本側は「日本台湾交流協会」が窓口となり、経済、貿易、文化、教育、報道等の交流を行っている。この2つの機構の代表は政府から派遣されており、実質的には外交関係に関わることも処理しているが、対外的または形式的には外交関係はないことになっている。

正式な外交関係に対して、民間や国民の交流は双方の国民間の友好関係を促進し、双方の国民間の友好関係もまた国家間の友好の基礎となるものであるから、本来極めて重要なものである。台湾と日本の間には正式な外交関係がないことから、民間交流が果たす役割が極めて突出しており、単なる一般の民間交流にとどまらない。とりわけ地方自治体や地方議会等との交流は、政府間交流の性質をも帯びるものであり、私は2016年6月に台北駐日経済文化代表処代表の職に着任して以来、これを特に重視してきた。

集計によると、台日の地方自治体間で締結された134件の友好協定のうち73件は、私の就任後に締結されたもので、総数の半分以上に当たる。これは台湾側の統計数値であり、日本台湾交流協会の基準では市長が出席し、締結した協定のみ統計に算入されていることから計78件となる。この基準でも私の着任後に30件から78件へと成長している。

2020年1月以降、新型コロナウイルス感染症のパンデミックのため、台日間の往来に影響が出ているものの、駐日代表処は双方の交流を引き続き促進している。例えば高雄市鼓山区と富山県氷見市、鹿児島県と屏東県議会、京都市と高雄市などについても現在、進行中である。

2 年間700万人が往来する台日の人と人の結びつき

前述した地方自治体の交流のほかにも、我々は台日の地方議会交流も促進しており、大きな成果を上げている。特に2015年に発足した「日本全国日台議員協議会」には、日本全国各地の台湾に友好的な50近い地方議会が参加しており、日本における台日関係推進の主力となっている。同協議会は毎年、「日台交流サミット」を開催しており、第1～3回は日本で開催されたが、第4回（2018年）は初めて台湾の高雄で開催され、日本から323名もの議員が出席し、大盛会となった。2021年は第7回日台交流サミットが神戸で開催される予定である。

これらの友好都市・議会などの協定締結のほかにも、さまざまな形で友好交流が行われている。鉄道では平渓線と江の電、台鉄としなの鉄道など。観光スポットなら台北101ビルと東京スカイツリー、高雄市の澄清湖と秋田県の田沢湖など。同名駅なら彰化県の田中駅と長野県の田中駅、台北市の松山駅と愛媛県の松山駅など。これらの友好交流は、点が線となり、線が面となり、四方八方にネットワークが拡がりつつある。

これらの友好関係について、我々は互いに以下の5つの面の交流で、さらに充実させたいと考えている。

1　地方自治体間の公式訪問
2　ロータリークラブ、ライオンズクラブ、青年商工会などの民間団体の交流
3　生徒の修学旅行や卒業旅行

4　地方の特色や祭りの交流
5　野球、サッカー等のスポーツ交流

加えて地方の特産品展や各種文化活動なども行えば、双方の交流活動は必ず豊かなものとなる。これらの民間交流、自治体・議会間の交流協定締結は、どのような効果をもたらすだろうか。中にはデータとして見えにくいものや、因果関係が証明しにくいものもある。しかし大まかに見て、以下のいくつかの明らかな効果が表れている。

地方間交流の増加により、航空路線の旅客が増え、地方空港からの台日間チャーター便や定期路線が運航されるようになった。新型コロナウイルスの感染が広がる以前の２０１９年における日本からの訪台旅行者数は延べ２１７万人。台湾からの訪日旅行者数は延べ４９１万人であり、双方の相互往来者数は延べ７００万人を突破している。

地方交流が近年ますます盛んになったことにより、双方の往来者も大幅に増加したのである。それにより、台湾は日本のゴールデンウィークなどの大型連休における人気海外旅行先のトップとなった。

台日間の卒業旅行、修学旅行の人数も大幅に増加している。２０１９年に日本から訪台した学校は300校余りに達し、5万人以上の生徒が台湾を訪れた。また、日本の海外修学旅行の渡航先は台湾がトップであり、双方の生徒間交流は次の世代の友好関係につながるものである。

心理的距離が縮まったことで、台日間の観光、教育、経済・貿易などの民間交流も拡大し、双方の互いの親近感や信頼度が年々高まっている。

駐日代表処（台北駐日経済文化代表処）が日本の中央調査社に委託して定期的に実施している世論調査によると、日本人の台湾に対する親近感や信頼度は60～70％に達し、しかも毎年上昇傾向にある。

台湾人の日本に対する親近感も60～70％でトップであり、第2位の国とは大きな差がある。このような素晴らしい数字は、台日関係が極めて友好な関係にすでに到達していることを十分に示すものである。

台湾と日本は以前から災害に遭ったときに互いに手を差し伸べ合っており、私はこれを「善の循環」と呼んでいる。ここ10～20年間ずっと続けられ、近年の民間交流の成熟により、善の循環はより一層拡大している。

昨年、新型コロナウイルスの感染が拡大した際には、マスクや医療物資を互いに支援した。2021年3月に中国が突然、台湾産パイナップルの輸入の禁止を表明した際も、日本の各界が自発的に声を上げ購入を呼びかけ、業者も購入量を増やし、行動で支持した。また、東京オリンピック・パラリンピックに向け、日本の28都市が台湾のホストタウンに登録している。これらは台日友好の蓄積の結果であるといえるだろう。

さらに明らかなことは、2020年、日本の28都道府県（日本は47都道府県なので過半数）の議会が台湾のWHO（世界保健機関）参加を支持する決議を採択したことだ。

地方議会は複数政党による合議制であるため、1人か2人が反対すれば、表決すら行われないことも多く、決議が採択されたことは極めて喜ばしいことである。

日本は民主主義国家であることから、台日の地方議会の友好関係は民主国家の中央政府の政策にも影響を与えるものと信じている。

3 この100年間の絆と、子孫に残す次の100年間の絆

台湾と日本の間のこうした深い絆は一朝一夕にできたものではない。1895年から1945年までの50年間、日本の統治を受けたことは台湾の歴史の一部だが、世紀を跨いで人と人の

結びつきが、いまも続いていることは、まぎれもない事実だ。

２０２１年5月8日、日本人技師、八田與一が戦前、台湾で建設した烏山頭《うさんとう》ダムの着工１００年を祝う式典が、台南市の八田與一記念公園で行われた。

式典に参列した蔡英文総統は、「１００年前に烏山頭ダムを造った八田與一の先見の明に、勇気と実行力を学び、台湾と日本は新型コロナウイルス対策や気候変動問題などで協力関係を緊密にし、１００年後の子孫によい環境を残せるよう努力したい」と述べた。

１００年以上にわたって紡がれた台湾人と日本人の深い信頼の絆を、22世紀にまでつながる次の１００年も育て続けようと強調した蔡英文総統は、大切な隣人同士として、民主主義や自由・人権を大切にする台湾と日本が、手を携え続けることが、互いの子孫の安定と繁栄、自由と民主の維持に欠かせないとの心からの思いがある。

この日の式典には、関連イベントも含め、蔡英文総統のみならず頼清徳副総統、蘇貞昌行政院長が出席した。外国が関わる歴史イベントで、台湾政治トップ３人の参列は極めて異例だった。台湾がいかに対日関係を重視しているかの証左といえる。

しかも、式典に安倍晋三前首相もビデオメッセージを寄せ、「真の友人だけが作る深い交わりをこの先もずっと、世代を継いで大事にしていきましょう」と呼応した。

双方向の「善の循環」をこの先、１００年、２００年と台湾と日本の間でつないでいきたい。

4　この先の台日関係へ6つの指針

こうした台湾と日本の交流において、多くの成果が出ているとはいえ、実際、台日間には正式な外交関係がないため、民間交流には限界がある。そこで、今後の台日民間交流はいかにあるべきか、私は次の6つの点を深く掘り下げていくべきだと考えている。

①「日台交流基本法」の制定

台日民間交流がますます緊密になるにつれ、貿易、文化、テクノロジー、建設など各分野の協力が緊密になると同時に、訴訟や事故などの頻度も高まっている。そこで一刻も早く米国の「台湾関係法」のように、「日台交流基本法」の立法化が必要であると考えている。これにより双方の権利が保障されるのみならず、安心して交流を進めていけるようになる。法的根拠を提供し、お互いが対等、公平である保障となる。

②台日双方の歴史の絆を発掘する

１８９５年から１９４５年の日本統治時代、台湾と日本には共通の歴史を歩んだ縁がある。その50年間で、数多くの台湾人と日本人の夫婦、同僚、同級生、さらにはビジネスのパートナーの深い絆など、その中には、あまり知られていない多くの感動的な物語がある。台日政府間は断交して長い年月が経っているが、民間の交流はその間、一分一秒たりとも中断したことはない。

特にあの時代の台湾の水道、電気、交通、公共インフラ等の民生建設には日本人の貢献がある。それをもっと発掘、研究することにより、台日双方の交流が表面的な観光旅行のみならず、お互いの心までより深く通うようにしていきたい。そのようにして心の距離を近づけ、文化的な深さをより一層深めていくことにより、両国をより深い交流へと発展させていくことができる。

最近、当代表処が、台湾の水道の父・ウィリアム・バルトン、台湾上水道の父・浜野弥四郎、電気の父・松木幹一郎、鉄道の父・長谷川謹介などのドキュメンタリーの制作を進めているのは、主にこのような着眼点によるものである。

こうした歴史の再認識が、このさきの台湾と日本の交友関係を、一段と深いものにしてくれるだろう。

③日本の発展に貢献、または日本で奮闘する台湾人を発掘し、双方の心が通う友情を強化する

前項に続き、日本統治時代の台湾に貢献した日本人のほか、多くの台湾人がその推進に関わり、日本籍に帰化した人もおり、当時の時代背景のもと、黙々と台日交流の役目を果たしてきた。例えば、１９３２年のロサンゼルス五輪に日本代表として出場し、最近展覧会が行われた張星賢や、日本初の高層ビルである東京霞が関ビルや新宿の超高層ビルの建築に携った郭茂《かくも》林《りん》などだ。

こうした人物の物語を発掘し、評価することは、後の子孫に先人が両国の往来に果たした貢献をより分かりやすく伝え、台日双方の心が通う友情を深めることにつながる。

④深みある旅行の推進

近年の台日間の観光旅行の目的は買いものやグルメなどだけではなく、寺めぐり、城めぐり、史跡めぐりなどテーマ性のある旅行が増え、互いの歴史、文化への理解を深め、旅行の深さと広さがより一層深く広くなってきている。

⑤台日双方の相互補完性の拡大

日本の工業技術と台湾のマーケットには高い相互補完性がある。例えば日本の技術と台湾の製造力、資源などを組み合わせれば、台湾は日本が海外におけるリスク分散投資に最適な貿易の場所であるほか、同時に台湾の工業等各種分野の成長と発展を促進することができる。民間交流は旅行だけで終わってはならない。今後は台日双方の長所を発掘し、短所を補うことにより、国際社会の舞台において、お互いのためにさらなるウィンウィンの空間を創出していくべきである。

⑥災害対策や人命救助で台日合同演習を

２０２１年5月の先進7か国（G７）外相会合、6月の首脳会議が、「台湾海峡の平和と安定」を重視する姿勢を明確にしたことに、心から感謝を申し述べたい。

その一方で、仮に共同声明の文言など、民主主義社会が力を合わせるとの意思表示が「形式」にとどまって、本当に行動に移せるかどうか判然とせず、「実質」がどこまで備わっているか、あるいは「形式」よりも「実質」が小さいとすれば、敵の誤判断を招くリスクが残る。しっかりとした「実質」を伴う必要がある。

いざというときに、どう動くか。行動で確認しておくことが欠かせない。平時から、例えば地震や台風などの水害、大規模な事故発生、海上における漁船のトラブルなど、災害対策、人命救助で台湾と日本、そして米国などが演習を行っておく必要がある。とりわけ台湾と日本は、自然災害で毎年のように大きな被害にあっている。互いに助けあい、救助人員や対策技術、復興支援などをスムーズに提供しあうための演習を頻繁に行って、人々の生命財産を守る体制と信頼関係を早急に築くべきだ。

しかも、防災や安全保障面で米国の力は極めて重大だ。有事に備えて普段から演習や訓練を行って、「実質」を確認しあうことが、平和と安定のために欠かせない。次の100年も台湾と日本は、関係国とも手を携えながら真の友人として互いに発展していこう。

第1章

日米豪印と英「拡大クアッド」の確立と台湾

——自由で開かれたインド太平洋構想の実現に向け——

産経新聞論説委員兼特別記者
元台北支局長
河崎眞澄

河崎眞澄（かわさき・ますみ）　１９５９年東京都練馬区生まれ。日本大学藝術学部放送学科卒業。１９８７年、入社。１９９５～１９９６年にシンガポール国立大学華語研究センターに派遣留学。経済部記者、外信部記者などを経て、２００２～２００６年に台北支局長、２００８～２０１８年に上海支局長。２０１５年から論説委員を兼務。２０１８年に東京本社に帰任し、論説委員兼編集委員。２０２０年から特別記者。２００８年度に中央大学大学院戦略経営研究科客員教授（委嘱）。著書に『李登輝秘録』（２０２０年、産経新聞出版）、『還ってきた台湾人日本兵』（２００３年、文藝春秋）、共著に『日本人の足跡』『闇の中の日中関係』（以上、産経新聞ニュースサービス）、『食の政治学』『歴史戦』（以上産経新聞出版）などがある。

1 東アジアの地政学的なリスク認識と防衛ライン構築への論考

東アジアの民主主義社会は断崖に追い詰められている。地政学の概念を持ち出すまでもなく、日本と台湾は北方から西方にかけ、ロシア、北朝鮮、中国という社会主義の国々に包囲され、太平洋の北西にあって最もリスクの高い「最前線」になった。

ロシアのプーチン大統領、北朝鮮の金正恩朝鮮労働党総書記、中国の習近平共産党総書記はいずれも2022年までに、終身か、それに近い長期独裁政権を続ける体制を最終的に固める。絶対権力の暴走はこの数年内に、猛威を振るうだろう。

第二次世界大戦後に続いた米国を軸とした民主主義陣営と、ソ連を軸とした社会主義陣営による東西冷戦が1991年、ソ連崩壊によって終結して、2021年で30年。だがプーチン、金、習の独裁3体制の膨張が、再び東西対峙の事態を招いている。

日本は、東アジアはいま、この事態にいかに対処すべきか。カギのひとつは「クアッド(Quad)」にありそうだ。2021年1月20日に第46代米国大統領に就任したジョー・バイデンは菅義偉首相と1月28日に電話会談し、クアッドによる体制強化を確認した。

ドナルド・トランプ前大統領が安倍晋三前首相の「自由で開かれたインド太平洋」構想提案

を受け止め、日米にオーストラリア、インドを交えた4か国が外交・安全保障も含む広範な協力関係を築く方針を打ち出した。バイデン政権もこれを継承した形だ。

対中包囲網が前面に打ち出されたが、中国のみならずロシアに北朝鮮、中国の影響下にあるカンボジアやラオス、2021年2月1日に軍事クーデターが起きたミャンマーも東側に堕ちる恐れがある。日本はバイデン政権と危機感を共有する必要がある。

東アジアにおいて、地政学的にクアッドを支える重大なカギは「第1列島線」だ。北海道から本州、九州、沖縄、台湾、フィリピン、マレーシアと南シナ海を囲む民主社会のラインで、背後にオーストラリアが控える。そもそも中国の軍事戦略上の概念であった。

ユーラシア大陸の国家として、太平洋への海洋進出を狙ううえで、突破せねばならないラインを認識してのことだが、逆説的にはこの第1列島線の守りこそが、民主主義社会にとって最前線の防衛ラインとして機能する。ロシア、北朝鮮からの挑戦でも同じだ。

クアッドの4か国はいわば四角形の頂点だろうが、日本からオーストラリアに至るラインが最重要だ。台湾、フィリピン、マレーシア、インドネシアの4か国のどれひとつが欠けても中国やロシア、北朝鮮によって民主主義の防衛ラインは容易に突破される。

さらにインドに向かう防衛ラインでは、シンガポール、タイ、バングラデシュ、スリランカの助力が求められる。中国と国境を接するネパールやブータンなどの安全保障も重要になるだろう。香港も急いで救う必要がある。ニュージーランドの協力にも期待したい。

日本本土から硫黄島、米領グアム、パラオなど南洋諸島を経由して、インドネシア、オーストラリア、ニュージーランドまで南下するラインは「第2列島線」とも呼ばれる。日台を含む西太平洋は新たな東西冷戦の最前線になりつつある、といっても過言ではない。

4か国のクアッドに強い関心を示しているのが、EU（欧州連合）を離脱したばかりの英国だ。ボリス・ジョンソン首相はバイデン米政権との外交戦略すり合わせの中で、クアッドへの参加を打診している。これが実現すれば「ペンタゴン（五角形）」となる。

香港問題を契機に対中関係を、従来の経済接近策から安全保障面での警戒策にカジを切った英国の国家戦略を、日本は強力にサポートする必要がある。大英帝国の旧領土で構成するコモンウェルスの地下水脈を味方にする重要性も認識せよ。

米英関係に加え、カナダ、オーストラリア、ニュージーランドの5か国による機密情報の共有態勢「ファイブアイズ」がもつ諜報パワーにも日本は加わるべきだ。ただし、対中諜報において台湾にはるかに後れを取っているのが日本の実態であり、情報弱者だ。

コモンウェルス加盟国や英国を旧宗主国とする国や地域には、香港、マレーシア、ブルネイ、オーストラリア、ニュージーランド、パプアニューギニア、シンガポール、ミャンマー、スリランカ、モルディブなどインドへと連なっていく。米影響下のフィリピンもある。

「逆さ地図」に見る中国海洋進出の“障害”

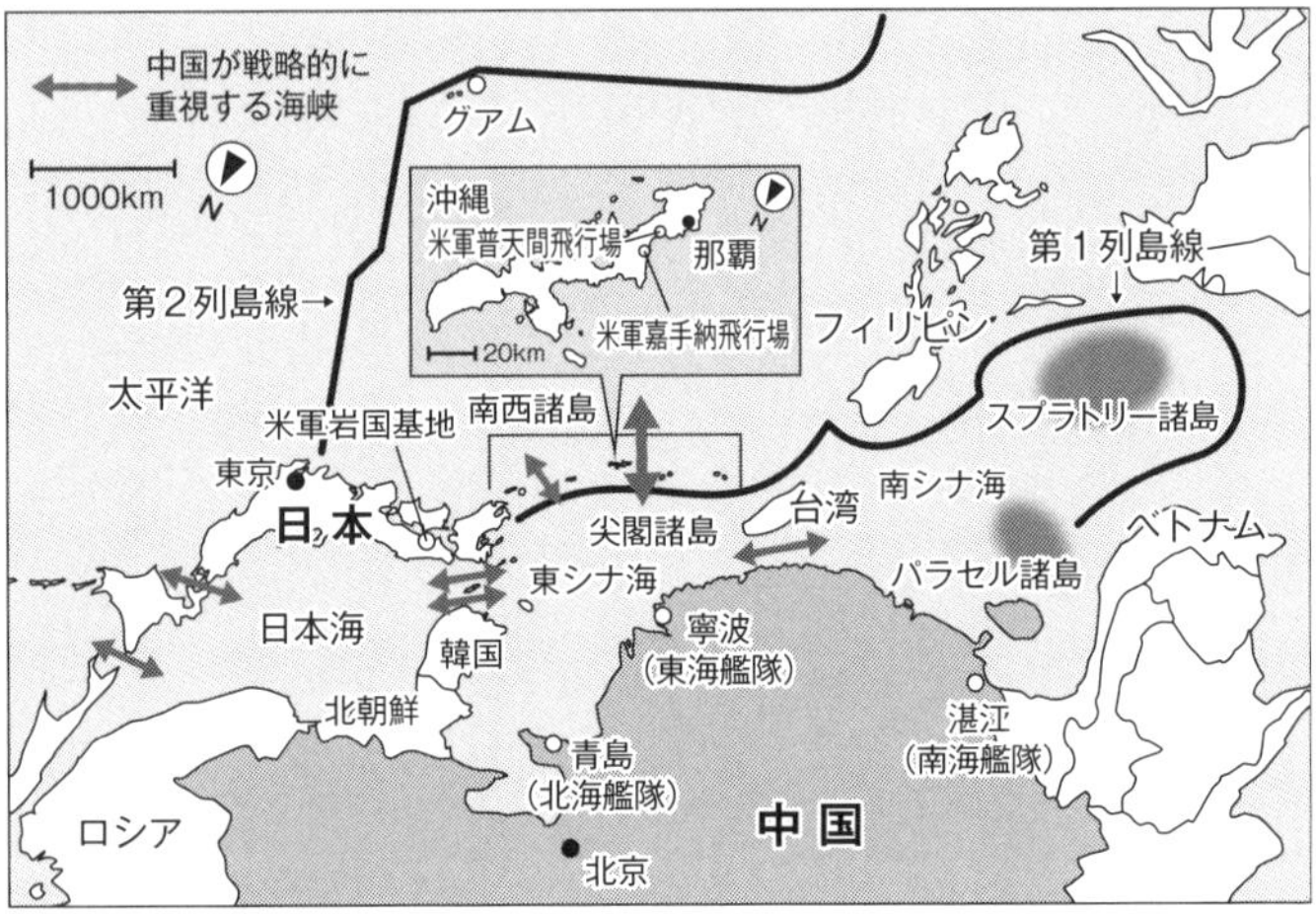

※産経新聞をもとに作図

２０２０年、安倍晋三首相の辞任で菅義偉政権が９月に生まれた。トランプ大統領が11月の選挙で敗れ、２０２１年１月にバイデン政権が誕生。同年１月には英国が正式にＥＵを離脱した。予想を超えるスピードで変革の動きが民主社会で起きている。

第１列島線の最北端に位置し、ロシア、北朝鮮、中国の脅威に直接さらされている日本と台湾はしかし、外交関係を１９７２年９月に失ってしまった。それが故に、実効性の高い国家間協力が表立ってできずにいる。中国による日台分断工作もなお厳しい。

東アジアおよびインドまでの防衛ラインで、強烈なる危機感の認識共有と、安全保障や経済上の連携の重要性を訴え、政治のみならず経済、社会を幅広く巻き込んだ国際ムーブメントを早急に起こすよう、リスクの高い日本と台湾から働きかける必要がある。

日本政府は「台湾は中国の一部だ」と主張する中国に対し、「中国の立場を十分理解し、尊重する」と応じている。すなわち中国の台湾領有を承認してはいない。ただ、中国と正式な外交関係をもつ日本政府として、台湾と表立った関係は作りにくい。

難題の解決方法として、自民党外交部会が2021年2月5日、「台湾プロジェクトチーム（台湾PT）」を立ち上げたのは朗報だ。政府ベースではなく、議員が軸になって国益のため、日台の関係作りを急ぐ狙いだ。台湾PTへの支援や連携も視野に入れたい。

日台の共通認識のための基礎分析、前向きな行動に移すための手段を提言することが本稿の目的である。東アジアの民主主義社会を守り抜く姿勢を2021年のいま、日台が第1列島線の北端から発信し、拡大クアッド体制確立へと結びつけるべきであろう。

2 日本はCPTPPでリーダーシップを発揮し、米国と台湾、英国を加盟させよ

日本、オーストラリア、ニュージーランド、カナダ、メキシコ、シンガポールなどアジア太

平洋地域の11か国が参加し、2018年12月に発効した多国間の通商協定「包括的および先進的な環太平洋連携協定（CPTPP）」への、台湾の正式加盟を日本政府は積極推進すべきだ。

台湾は独立した関税地域として2002年1月に世界貿易機関（WTO）の正式メンバーとなっている。資本主義に基づく民主主義台湾のTPP加盟は、通商や投資、金融などを通じたアジア太平洋の「経済安全保障」の考えからも重要な戦略だ。

民主主義社会の安全保障上、経済連携が欠かせない車の両輪であることは歴史が証明している。例えば北大西洋条約機構（NATO）と欧州連合（EU）の関係もそうだ。地域の防衛が貿易や投資、金融で発展の基礎になることは疑う余地がない。

日本と台湾の共通点は、政治的な制約から防衛のための軍事力、海上における領海警備などの装備、能力、行動に限界があることだ。一方で、両国とも製造力を軸とした産業技術力は長年の経験と蓄積があり、輸出入や対外投資など経済パワーがある。

経済安全保障の観点から、日本と台湾が連携して指導力を発揮することが、米国をはじめとする防衛など安全保障体制を補完する車の両輪の役割分担で、その存在感を示すことができる。むしろ率先して日台は、リーダーシップを取りに行くべきだ。

CPTPPは当初、オバマ政権時代の米国が、中国に対する経済包囲網の側面も考えて設計した経緯がある。トランプ政権が見送ったCPTPPへの復活を、日本はバイデン政権に強く求めていかねばならない。その根拠はやはり安全保障戦略とのリンクである。

米中貿易戦争が激化し、米国が中国からの輸入品に高関税をかけている状況で、中国からの製造業撤退が今後のトレンドになる。その受け皿となる最有力候補が台湾といってもいい。日米の本土への製造業回帰も今後、本格化するだろう。

とりわけ日米など先進国の製造業が「メイド・イン・チャイナ」の政治リスクを実感して中国から撤退し、地理的にも政策的にも教育水準の高い台湾を選ぶのは自然で、再び「メイド・イン・タイワン（MIT）」の価値に国際社会から注目が集まり始めている。

新疆《しんきょう》ウイグル自治区の少数民族、ウイグル族に対する明らかな弾圧とジェノサイド（民族大量虐殺）をめぐり、日米欧の一部の企業は、ウイグル族が奴隷状態となって働かされ、輸出される安価なウイグル産の綿などのボイコットにも動き始めている。

また、半導体技術における台湾の実力は、日米など自動車産業が台湾製半導体なしに成り立たなくなってきたことからも明白だ。IT製品の情報漏れなど安全保障上のリスクの少なさ、ブランド力など、信頼性は台湾が中国を凌駕していることは間違いない。

台湾の蔡英文総統は日本側に「CPTPPの第2ラウンドに参加したい」との要望を伝えている。「台湾併呑」を狙う中国の習近平政権が、締め付けを強める中で、台湾はCPTPPをテコに貿易による国際空間を拡大する考えがある。日本にもメリットが大きい。

蔡英文総統は、「台湾の貿易の質と量や経済の体力から見て、日本などCPTPPの参加国にプラス効果をもたらす」とも強調している。2011年3月の東日本大震災以来、福島など5県産の農産物輸入をなお制限している台湾だが、その解除も容易になる。

CPTPPは、農林水産品や工業製品の関税の撤廃、または引き下げを通じた相互の市場開放のみならず、投資や金融、知的財産権保護など幅広い分野のルールを定めた国際的な通商協定である。日本への経済効果は約8兆円と試算された。

貿易における自由度が高まることで、部品の調達から製造、物流、消費市場などにつながるサプライ・チェーン・マネジメント（SCM）の構築に、政治リスクの高い共産主義陣営を含まない経済連携が広がる。対中牽制の意味からも台湾の存在感は大きい。

CPTPPの加盟基準は厳格で、国有企業に対する補助金問題や、金融取引における資本規制の撤廃という2つの面で、いかに中国がCPTPP加盟を希望しても、政治経済体制を抜本的に変えねば、そのハードルを越えられないという大きな問題がある。

中国は2021年3月の全国人民代表大会（全人代）で改めてCPTPP加盟への意欲を示した。だがその狙いは米国なきCPTPPへの加盟で、中国主導型のCPTPPルールに日本などを強引に引っ張り込み、最終的には骨抜きにする戦略があるとみられる。

日本はCPTPPを主導する立場から、真っ先に民主主義陣営にある台湾のCPTPP加盟を後押しすることで、中国の戦術を阻止することが可能だ。台湾の国際空間を狭めようと腐心している中国には、台湾のCPTPP先行加盟は大きな衝撃波となるだろう。

資本主義の自由貿易圏をつなぐ国際通商協定として成長させ、中国の覇権を強く牽制する組織に作り上げるべきだ。CPTPP加盟を通じて台湾の国際的地位をさらに向上させることが、経済のみならず日本やアジア太平洋の安全保障上でも欠かせない。

英国がCPTPP加盟に意欲を示していることは歓迎だ。EU離脱後の英国にとって世界第3位の経済大国である日本が主導するCPTPPは、バイデン政権による米国の復活も視野に入れながら、オーストラリアも含むクアッド体制と重なり合う戦略となる。

5Gやさらに次世代の通信環境の整備、半導体などIT基礎技術と産業、原子力発電など核開発につながる重要技術、航空宇宙開発と軍事産業など、対中警戒を強く意識したEU離脱後のジョンソン英政権を、日米が取り込む絶好のタイミングだ。

中国からの製造業の撤退に加え、上海や香港からの金融業の脱出も重大なテーマとなってくる。英国がアヘン戦争の時代から、対中ビジネスの拠点としてきた都市で、香港上海銀行（HSBC）こそが東インド会社と二分する古くからの拠点であった。

しかし2020年6月に中国側が一方的に制定した「香港国家安全維持法」によって、1997年から50年間、香港に保障されてきた「一国二制度」に基づく言論の自由や英国植民地時代からの透明性の高い法制度は、ほぼ破壊されたといっていい。

上海市場も香港市場も今後、中国の国内金融センターとして生き残らざるを得ず、国際金融センターとしての地位は保てない。まして資本規制も続くなかで、中国金融は国際社会からのデカップリング（引き離し）が加速することは時代の趨勢だ。

香港の国際金融市場には、有能な人材や豊富な経験、さらに情報開示（ディスクロージャー）など投資の信頼性といった目に見えない財産がある。蔡英文政権には香港から脱出する人材の受け入れを拡大し、台北の金融市場を国際化する動きがある。

世界の三大金融市場の東京、ニューヨーク、ロンドンに次ぐアジアの金融市場を台北に作るべきだ。東南アジアの華僑資本に加え、インドにいたる南西アジアも含め、香港が果たしてきた国際金融機能を台北がシンガポールとともに代替する日も遠くない。

新型コロナウイルスの武漢起源問題で、オーストラリアを一方的に非難し、ワインや石炭などへの関税アップによって対豪関係を急速に悪化させた中国は、クアッドに対しますます孤立する動きを自ら選んでいる。いまこそ結束すべきチャンスである。

また、バイデン政権の台湾接近に対する「不快感」の示し方として、中国政府は台湾産パイナップルの輸入を2021年3月に突如、検疫問題を理由に禁じた。米国に対する直接的な対抗策はなく、あくまで台湾に圧力をかける姿勢はむしろ、逆効果だった。

ＣＰＴＰＰをテコにした日米の輸入パワー増強も重要だ。仮に、日米が海外から輸入する規模を遥かに大きく上回る輸入を中国が始めた場合、東南アジアや中南米、アフリカなど輸出先を求める途上国の目は、一斉に中国に向く。輸入パワーが明暗を分ける。

重ねて強調したいのは、貿易や投資、産業の発展と国際化は、防衛連携による安全保障確立と切り離せないこと。経済安全保障は重要戦略だ。かつて中国の反日デモという政治リスクによるレアアース（希少金属）禁輸で、日本は苦い教訓を得たはずだ。

3 ロシア、北朝鮮、中国の独裁体制確立に向けたタイムスケジュール

本稿の冒頭でロシア、北朝鮮、中国を挙げ、絶対権力の暴走はこの数年内に、猛威を振るうだろうと書いた。東アジアにとって、あるいは世界の民主主義社会にとって、最大のリスク要因となりうるこの3カ国の独裁政権について、近未来を見通しておきたい。

ロシアは２０２０年7月、ウラジミール・プーチン大統領の続投を可能にする憲法改定の是非を問う国民投票で過半数の賛成を得た。不正疑惑も指摘されている。一方で新憲法は議会承認手続きを終えており、改定案は政権の思惑通り、発効した。

大統領任期（1期6年）は連続2期まで。プーチン大統領は2024年の次期大統領選に本来は出馬できなかったが、新憲法は大統領任期を「最大2期まで」にしながら、現憲法下での大統領経験者の任期を帳消しにする詐欺的な規定を盛り込んだ。

プーチン大統領は2024年の大統領選に出馬して勝利すれば、2036年まで最長2期12年にわたり大統領を務められる。レームダックとなり、自身の影響力が低下するのを回避するとともに、政財界内で権力闘争が起きるのを未然に防ぐ狙いがあった。

1952年10月生まれのプーチン大統領は、2036年10月には85歳になる。さらなる憲法改定も考えられ、ほぼ終身の独裁権力体制を確立した。1984年生まれの金正恩氏は2021年1月、朝鮮労働党大会で総書記となり、終身の独裁体制を完全にした。

中国の習近平国家主席（共産党総書記）は1953年6月生まれ。本来なら2022年秋の共産党大会で総書記2期10年の任期を終える内規だが、これを破って3期目に突入する可能性が極めて高い。2018年3月の憲法改定がその動きを裏付ける。

2018年の憲法改定では、中国の中央政府のトップであり、国家元首でもある国家主席の任期について、2期10年との条項を廃止した。すなわち習近平氏が望めば、国家主席の地位を継続して保ち続けることができるという規定にほかならない。

中国の場合、政府よりも上位にあって国家をコントロールする最高権力が中国共産党中央だ。共産党の総書記任期は憲法など法律とはかかわりなく、かつて最高指導者だった鄧小平の時代に定めた集団指導体制の内規によって2期10年とされていた。

習近平指導部は、憲法改定という政治手法で先行して国家主席の任期を事実上、終身としたうえで、なお隠然たる力を持つ江沢民氏ら長老の首を縦に振らせて、2022年秋の党大会で総書記の任期撤廃、または毛沢東と同じく党主席の座を狙っている。

それまでの期間に準備されているのが、2021年7月に迎える中国共産党の結党100年という節目、さらに2022年に予定されている北京冬季五輪の成功だ。新型コロナ感染症の克服と経済復興や何らかの対外功績を作って、党大会に臨むだろう。

2010年に日本を追い抜いて世界第2位の経済大国となり、国際社会を欺いて空母を建造し、南シナ海を軍事要塞と化した中国。その内政の行方が、国際社会に多大な影響を及ぼす。権力闘争や混乱があれば、外敵を作って国内を抑える手法をとる。

仮に総書記の3期目就任に共産党長老や大衆から反発が広がった場合、台湾が実効支配する離島の東沙（プラタス）諸島や日本の尖閣諸島への攻撃、上陸などの実力行使と対外緊張による国内の引き締めが、現時点で考えられるシナリオだ。

2022年の北京冬季五輪前には、なかなか国際社会との軋轢を生む段階まで踏み込めないだろうとの観測もある。ロシアは2014年、南西部の黒海に面するソチで冬季五輪を成功させ、その年の4月に同じく黒海に面するクリミア半島の併合に乗り出した。

クリミア問題が先に起きていれば、国際社会はソチ冬季五輪をボイコットした可能性が高い。1980年のモスクワ五輪の前例がある。前年1979年12月にソ連がアフガニスタンに侵攻した問題で、日米欧などはモスクワ五輪参加をこぞってボイコットしている。

新型コロナ後の経済V字回復という作られた成果で、2021年の共産党創設100周年の節目はお茶を濁して国内をまとめ、2022年の北京冬季五輪でメダルを多数獲得して国威発揚を図っていくという作戦が、習近平指導部の考えかもしれない。

しかし、その場合、クリミア半島の教訓からいえば、2022年の北京冬季五輪後、同年秋に開かれる共産党大会までの半年余り、台湾や日本は防衛上、厳しい事態に立たされる恐れがある。バイデン政権のアジア安全保障がどこまで機能するかは未知数だ。

あるいはその前に、米国、カナダに続き、オランダなど欧州の一部も指弾し始めている新疆ウイグル自治区でのウイグル族に対する「ジェノサイド」問題がより深刻化すれば、北京冬季五輪の欧米によるボイコットや、開催地そのものの変更もありうる。

2022年秋の党大会までの国威発揚に北京冬季五輪を利用したい習近平指導部がこの問題で、欧米とどう折り合いをつけるのか、また人権問題に及び腰の日本がいかに態度を明確にするのか。この先の中国の覇権主義を抑える意味から重要だ。

日本は2021年に延期された東京夏季五輪実現のため、これまで中国の協力を求めてきた経緯があり、北京冬季五輪への支持とのバーターの密約があるとみられる。しかし東京五輪よりも、人権保護や安全保障という根本的な国益こそ守らねばならぬ。

中国はさらに、2049年10月に「中華人民共和国」建国100年を迎える。共産党100年と合わせて「両個一百年」と呼ばれるが、このとき習近平氏は存命なら96歳。最高権力を握ったまま、「両個一百年」を迎えたいと考えていても不思議ではない。

習近平氏は、2027年に中国人民解放軍が創設100年を迎えるとして「建軍100年」も強調し始めている。21世紀半ばに米国に対峙する軍事パワーを備えるとしているが、国防費の上昇カーブなどからパワーバランスの均衡はもっと早くきそうだ。

第1列島線の最北端に位置し、ロシア、北朝鮮、中国という社会主義の独裁国家に直接、対峙している日本と台湾は、この3か国の相次ぐ独裁体制の確立への警戒を強めて、危機感を共有し、守りのための共闘体制も早急に作らねばならない。

最優先されるべきは、この3か国に関する諜報の共有化だ。新型コロナ発生を例に挙げれば、台湾の情報機関は2019年秋、すでに武漢での不明のウイルス発生情報を得て、蔡英文政権はかねて準備していた防疫対策マニュアルをひそかに発動した。

中国における化学兵器の開発に関する極秘情報は、距離的に近く、人的往来も激しい台湾にとって最も警戒すべき問題であった。２００３年に広東省を感染源とする重症急性呼吸器症候群（ＳＡＲＳ）が流行し、台湾でも80人近い死者が出た教訓がある。

歴史的に見て、漢民族の流れをくむ台湾は、中国の標準中国語（北京官語）に近い台湾華語が公用語となっているほか、文化的にも民族的にも、血縁的にも中国とは近しい。そうした中で双方が多数の諜報員を派遣しあっているのは周知の事実だ。

したがって新型コロナ感染のような、安全保障にも直結する問題などで、台湾の情報機関のもつ諜報能力は高い。これを水面下で縦横に活用できなかった日本の政治力は相当、弱いと指摘せざるを得ない。民主陣営は台湾の諜報能力を評価すべきだ。

日米豪印の安全保障体制「クアッド」に台湾を迎え入れる必要性がここにある。包囲網を構築するにあたり、まず重要なのは中国の奥深くに入り込んだ緻密な情報網や、中国共産党の権力闘争など内政の情報分析能力だ。台湾にかなうパワーはない。

台湾の情報機関や民間が得る直接的な情報、分析に加え、日本の独自情報、日米安全保障条約に基づく米国の情報を統合する極秘組織が必要だ。１９９０年代に李登輝総統が構築した日米台の極秘情報ルート「明徳専案」を再構築すべきだ。

そのうえで、米英カナダ、オーストラリア、ニュージーランドで構成するアングロサクソン系の諜報同盟「ファイブアイズ」に、日台が寄与する形で名を連ね、さらにクアッドのカギでもあるインドにまで広げることで、独裁3国家の包囲網は強固なものとなる。

米英を軸としたアングロサクソン連合に肩を並べる存在として、運命共同体の日台連合、そしてインドが3大パリーとなる。日本が単独でも、台湾が単独でもそうした存在感を示すには力不足だろう。価値観の極めて近い日本と台湾の連携は不可欠だ。

日米豪印に英国を加えた①拡大クアッドによる安全保障体制の確立、②民主主義陣営による有機的な諜報網ネットワーク、③輸出入や投資、金融の拡大とCPTPPを軸とした経済連携、④化学兵器もにらむ防疫・医療体制の国際協力が必要だ。

4 日本のアニメ「進撃の巨人」「鬼滅の刃」を通じて共有する若者の意識

高邁な政治理念や国際協調、あるいは覇権主義の膨張は実際、論理の組み立てや法律などの前に、生身の人間の「感情」が方向性を左右することは、歴史上、過去に何度もあったことだ。民主社会が抱く警戒、独裁権力暴走の心理を考察する。

2014年9月、香港で選挙制度の民主化を求めた学生らによる街頭占拠デモ「雨傘運動」の現場を取材したとき、アドミラリティ（金鐘）で親しくなった香港人大学生の何人かが、

「私たちはウォールの中のエレンとミカサかもしれないね」と話してくれた。

香港でも人気の日本アニメ『進撃の巨人』のストーリーだった。城壁（ウォール）に囲まれた小さな都市に平和に暮らす人々が、壁の外から襲撃してくる無慈悲で恐ろしい「巨人」と戦って生存空間を守るアニメで、エレンとミカサは主人公の男女だ。

主権こそ1997年7月に英国から中国に返還されたが、返還後50年間、2047年まで保証された「一国二制度」の国際公約のもとで、香港は民主社会を謳歌してきた。英国植民地の時代から続くウォールの中の豊かで幸福な空間が香港であった。

だが、21世紀に入ってからの経済力の急速な拡大と、軍事力の膨張とともに存在感や発言力を増した北京の中国共産党政権が、「巨人」となって壁の中の民主社会を襲ってきたと香港人の目には映り、エレンやミカサに強く共感を覚えたというのだ。

その巨人は実際、2020年6月に「香港国家安全維持法」を一方的に施行し、香港に保障された言論の自由や民主制度を大幅に制限することを可能にした。学生リーダーだったジョシュア・ウォンや、女性のアグネス・チョウらは実刑判決を受け、収監された。

エレンらもアニメで地下牢に拘束されるストーリーだ。国安法施行後、香港人は言論も行動も監視され、もはや扱いは共産主義中国の地方都市の一つに近い。北京が危険人物と判断すれば、公正な司法もなく、中国本土に身柄を送られて裁かれる。

危機感と恐怖感は香港を覆い、支援の手を差し伸べている台湾や英国などに脱出を試みる香港人も急増している。かつて1975年にベトナム戦争で米国が支援した南ベトナム側が北ベトナムに敗北し、南部の首都サイゴンが陥落した事件も想起させた。

香港の次は台湾だ、と北京の共産党政権はにおわせ、台湾の人々の間にも恐怖心が広がる。1990年代前半までは、中台両岸関係において経済力でも軍事力でも台湾側が優位に立っていたが、逆転され、いまでは雲泥の差となって台湾が劣勢にある。

台湾に蔓延している恐怖感の根底の一つに、1945年の第二次世界大戦終結後の忘れがたい記憶があるはずだ。1895年から続いた日本による50年間の台湾統治が終わり、蔣介石率いる中国国民党の「中華民国」が台湾の施政権を得たときの出来事だ。

日清戦争の結果、清国から割譲されて日本の領土となった台湾で、台湾出身者も日本国籍となった。幅広い教育が行われ、医療や衛生、上下水道や電気ガス、農業や工業の発展など著しく、アヘンも撲滅され、だれもが文明の恩恵にあずかっていた。

だが、戦後の台湾を統治した中国大陸由来の国民党政権、国民党軍の兵士らは銃をもって台湾出身者を屈服させたが、文明という点で台湾よりもはるかに劣っていた。電気もガスも水道も自転車すら知らぬ中国兵が、銃を持って支配者となっていた。

自分たちよりも明らかに文明レベルの劣る、話の通じない野蛮なる存在に、力によって押さえつけられる恐怖。まさに『進撃の巨人』で描かれた光景は現代の香港で起こり、すでに76年前の台湾でも起きていたことだ。台湾人はその巨人の再来を恐れている。

日本人はしかし、文明レベルの劣る巨人の力ずくの進撃と、武器による恐怖の支配についてなんら警戒心を抱いていないようにみえる。台湾や香港で起きた歴史が、21世紀に沖縄や九州、そして日本全土で起きないという保証などどこにもないのに。

それでも希望がないとはいえない。2020年に映画編が空前のヒットとなったアニメ『鬼滅の刃』に対する日本の若者の強烈な反応、さらには台湾における支持だ。大正時代の日本を舞台に、鬼に変身させられた妹を救おうと、凶悪な鬼に戦いを挑む物語だ。

なぜこのアニメが日本や台湾で熱狂的に受け入れられたのか。登場人物の名言が若者の心をゆさぶったと考えてもいい。「生殺与奪の権を他人に握らせるな」「悔しくても泣くんじゃねえ、どんなにみじめで恥ずかしくても」「仲間は絶対に死なせない」。

日本が世界のGDPの10％まで躍進した昭和から、経済が停滞し、慰安婦問題の捏造により日本人としての誇りすらもズタズタにされた平成を経て、令和の若者は知らず知らずのうちに、心のよりどころを古きよき日本人の生き方に求めたのではないか。

理屈ではなく、日本人としてDNAの叫びのような感覚を『鬼滅の刃』のストーリー、登場人物の生き方、言葉から無意識のうちに感じ取り、勇気づけられたと考えなければ、大正時代がモデルのアニメが、かくも幅広く日本の若者の心に響くことはあるまい。

日本人と感覚の近い台湾の若者の琴線にも触れたのはやはり、共通の邪悪な敵、鬼の攻撃にただおびえるのではなく、妹を、家族を、仲間を守るため、戦いを挑んでいかねばならない、という高い精神性と強い決意を呼び覚ましたからだろう。

1980年代のバブル経済を経験したものの、崩壊後の国力劣化に落胆し、中国経済にすり寄って日本人としての矜持を失った情報弱者より、物心ついたころから不景気ながらも、インターネットに囲まれた世代が実際、誇り高き強さを見せるかもしれない。

ささやかながら平和な社会に、邪悪な巨人や鬼が覇権主義によって襲いかかってくる恐怖をどう克服し、巨人や鬼にいかに戦いを挑んで、大切な民主主義社会を守り抜いていくのか。若い世代の奮起と発想力、行動力に強く訴えていくのが大人の役目だ。

5 2020年に「台湾」が国際社会で高い認知度を得た3つの理由

東アジアの安定と繁栄を日本から考察する場合、最も重要なパートナーは台湾だといっても過言ではない。海を隔てて国境を接する近隣国家のうち、台湾のみが唯一、日本に対して好意的であり、かつ1945年までは50年間、同じ国家の一員であった。

その台湾は2020年、歴史上かつてないほど国際社会における存在感を示した。根拠は3つ。まず①蔡英文政権の再選と香港情勢、次に②新型コロナ禍における世界でも最高の防疫成功例、最後に③李登輝元総統の逝去に伴う民主社会の再認識だ。

日本にとって、あるいは欧米、民主主義の国際社会にとって、これまで中国の政治的抑圧の陰で、どちらかといえば弱い存在とみられていた台湾だが、却って中国による抑圧や感染症の蔓延、国際空間での活躍への妨害が台湾にフォローの風となった。

まず、2020年1月の総統選で、民主進歩党の蔡英文総統が、中国国民党の候補を大差で破って再選された。過去4年間の蔡英文政権に対する評価が高まった背景の一つに、中国共産党政権による香港の民主勢力に対する弾圧があるだろう。

２０１９年6月に起きた香港の大規模デモは、香港で犯罪容疑者が拘束された場合、中国本土に移送するとの新たな規則に対する強烈な反発だった。「反中送」と呼ばれたデモは香港に保障された高度な自由を踏みにじる中国に対する怒りでもあった。

１９９７年7月の中国への返還以来、香港は幾度となく民主社会を侵そうとする共産党政権の暴挙をはねのけてきた。愛国主義教育などもそうだ。だが２０１４年秋の大規模な街頭占拠「雨傘運動」を経て、抑圧政策は加速度を増し、反中感情も広がった。

旧宗主国の英国も、トランプ政権時代からの米国も、それなりに香港の民主社会の保全に動いてはいたが、主権を握る中国の強硬な姿勢のもとで、なお決定打を打てずにいる。むろん台湾も共産党勢力の暴挙を真っ向から食い止める力はなかった。

ただ、蔡英文政権や台湾社会には、香港の人々と心の底から危機感を共有し、民主社会を守らねばならぬとする強い意志があった。水面下で香港の民主派勢力に支援物資や資金を送り、あるいは香港を逃れた人々の受け皿も、誠意をもって作った。

こうした危機感が台湾の有権者に、かつて共産党と双子の政党といわれ、現在は親中派の国民党への拒否反応を生み、蔡英文総統再選で57％という過去最高の得票率をもたらした。香港が共産党の手に堕ちれば、台湾が狙われるのは時間の問題だ。

日に日に悪化する香港情勢に国際社会の注目が集まるなか、共産政権と対峙する台湾の民主社会にも同時に注目が集まった。そうしたなかでの蔡英文再選のニュースと同時に起きたのが、中国湖北省武漢を感染源とする新型コロナウイルス感染症の流行だった。

前述したように蔡英文政権は２０１９年秋から、中国発の感染症への対策計画を発動し、対中人的往来の停止を含む厳しい措置を総統選前からスタートさせていた。だが台湾の入手した感染症情報はＷＨＯ（世界保健機関）に無視され、共有されなかった。

蔡英文政権は国際社会に先行して防疫に成功し、２０２１年5月半ばまで、市中感染はわずか、国外からの流入による感染者は１０００人あまり、死者数も10人ほどという世界でも最高レベルの防疫成果を得た。島国台湾の水際作戦は実際、死に物狂いだったはずだ。

国際社会からみて、感染症に対する初動で失敗し、情報公開も不十分で感染源となった責任も謝罪もなく、逆にウイルスの来源は米軍だ、などと責任転嫁を図った中国という国家と、政権をあげて防疫に邁進し、成果を上げた台湾には明確な差がある。

共産主義国家で感染源の責任逃れに徹する中国、民主主義国家で住民のため必死に防疫に徹した台湾の違いが浮き彫りとなり、あいまいな認識しかなかった国際社会は明確に、「中華人民共和国」と「台湾」は完全に異なる国家だ、と認識した。

さらに中国が一方的に「香港国家安全維持法」を制定し、「一国二制度」の崩壊を事実上、宣言した２０２０年6月30日から1か月後、7月30日に台湾民主化の父、李登輝元総統が満97

歳で逝去した。生涯をすべて、台湾のために捧げた人物だった。

国際社会の目が香港情勢、台湾情勢、新型コロナウイルス問題にくぎ付けになっているまさにそのとき、自らの生命のタイミングまで図ったかのように李登輝元総統はこの世を去る。国際社会は「ミスターデモクラシー」が成し遂げた台湾の民主化を改めて認識した。

李登輝元総統は1988年に総統に就任した後、2000年の退任まで6回の憲法改正を成し遂げ、そのなかで総統の選出方法を台湾の有権者による直接選挙に変えた。1996年3月に行われた初めての直接総統選は、54％もの得票率で当選している。

台湾のみならず中華圏で歴史上初の民選トップとなった李登輝総統を、米ニューズウイーク誌は1996年、「ミスターデモクラシー」と称して表紙にした。2020年7月、李登輝元総統の訃報は、欧米でも台湾の民主主義を強く印象付ける役割を果たした。

そのことは日米からのハイレベルの弔問でも証明される。米国からは1979年の米台断交後、初めて閣僚のアザー厚生長官（当時）が2020年8月に訪れた。弔問のみならず米台の経済対話スタートなど、新たな枠組みについても直接、交渉をまとめた。

2020年9月、キリスト教系の真理大学で行われた国葬級の告別式には、米国の外務省にあたる国務省のナンバー3、クラック次官（当時）が参列。これも断交後、国務省の高官としては最高位。外交関係のない米台が事実上、高度な関係をもつに至った。

バイデン政権の発足後も政策は継続された。米国務省は2021年4月9日、米政府と台湾の当局者間の非公式接触の制限を緩和する新たな指針策定を発表した。「米台間の非公式関係が深化していることを背景に台湾との関与を奨励する」とした。

その直後、4月14日にアーミテージ元国務副長官ら代表団が訪台し、翌15日に蔡英文総統と会談している。アーミテージ氏は李登輝政権の1990年代から水面下で、日米台の情報交換を行う役割を果たした「明徳専案」に関与しており、人脈もある。

クリントン政権やオバマ政権など、対中融和策を進めた結果、中国共産党の覇権主義と膨張政策を助長させた民主党だったが、少なくとも2020年に台湾が見せた3つの存在感の大きさに鑑み、バイデン政権も蔡英文政権の台湾を重視する戦略をとった。

日本政府は森喜朗元首相を2度、弔問のため訪台させたが、米国ほど明確な姿勢は見せなかった。ただ、2020年9月の告別式で、辞任したばかりの安倍晋三前首相の追悼ビデオが会場で流されたのは幸いだった。日本の外務省も静かに力を尽くした。

李登輝元総統の逝去をめぐって、蔡英文政権が最重要の外交対象と考えている米国と日本が、ここまで呼応してくれたのは台湾の安全保障上、極めてよい兆候であったといえる。李登輝元総統は死してなお、台湾の将来のための布石を打ったのだ。

台湾北部、淡水の李登輝基金会事務所で（河崎眞澄撮影）

6 李登輝なき台湾と日本との関係構築を急げ、志の高い国際人材の育成へ

東アジアの安定と繁栄を考察する場合、最も重要な日本のパートナーは台湾だといっても過言ではない、と書いた。しかし、悩ましいことに2020年の台湾の存在感の高まりが逆に、日本との心理的な距離を遠ざける懸念を強めたと考えざるを得ない。

台湾の人々からみて、新型コロナウイルス感染の問題で、欧米よりはましかもしれないが、日本の防疫はお粗末であった。戦前、台湾総督府の民政長官であった後藤新平が台湾で行った衛生、医療、感染症の撲滅などに対する敬意が、いまも台湾人を包んでいる。

しかし、台湾が必死に防いだ新型コロナウイルス対策とは異なる日本の生ぬるい対策や緊急事態宣言の連続発出を見て、「21世紀の日本にはもう後藤新平はいないのか」との失望感が広がったことも事実だ。先進的だったはずの日本の医療はもはや信用できないと。

もう一つは、李登輝元総統の逝去に代表される戦前の日本語教育を受けた世代の影響力の低下だ。かつて日本語教育を受けた世代の台湾人は、戦後、台湾で人権弾圧を行った国民党の独裁政権との比較において、日本統治時代を評価してくれた。

政財界で李登輝元総統や同世代の台湾人は、台湾の経済発展と民主化、安全保障上の観点から、米国とほぼ同列で日本との関係作りに情熱を傾けてきた。日本側はそうした人々の日本語能力と熱意にただ甘える関係で、日台関係を構築してきた。

しかし１９４５年の終戦時に、たとえば日本式の中学校まで教育を受けた15歳の子供が元気だとしても、２０２１年には91歳。台湾社会の第一線で活躍できる日本語世代はもう数が限られている。象徴的な「李登輝」という最大の支柱も失ってしまったのだ。

新型コロナ防疫での対日失望と、台湾の日本語世代の不在という2つの要因は、日台関係でかつてない障壁となる懸念がある。この障壁を乗り越え、日本が台湾をより強い味方としてタッグを組んでいけるかどうか、すべて日本側の努力にかかっている。

まず新型コロナ防疫について、いかに台湾の不信感を払拭すべきか。日本政府は外交関係やＷＨＯ（世界保健機関）の枠を超え、重要な隣国であり、防疫に国境はないとの観点から、台湾の防疫専門家を日本に招き、その経験を謙虚に学ぶべきだ。

法的規制の差はあるが、空港や港湾など、人的往来の水際、マスクや防護服、医療機器の供給体制、管理などＩＴによる可視化と透明性の確保、医療機関や医療関係者に求める高い倫理性、住民の衛生意識と政権への信頼感など、全面輸入せよ。

仮に日本が台湾の防疫経験を学びたいと誠意をもって懇願してきた場合、蔡英文政権は採算度外視で全面協力してくれる可能性が高い。人的往来が年間延べ700万人を超える隣国との感染症対策の共有化は、台湾にとっても喫緊の課題だからだ。

台湾の陳時中衛生福利部長や唐鳳（オードリー・タン）IT担当政務委員（いずれも閣僚）ら防疫の立役者に、率直に日本の防疫対策についてもアドバイスを請い、日本版の対策マニュアルまで作成してもらうべきだ。台湾には信頼すべき経験と実績がある。

もう一つ、日本語世代に頼れなくなった日台関係について、最大のカギは言語環境だろう。これまで日本語で何でも交渉が可能だ、と考える日本人の「甘えの構造」がまかり通ったが、今後は英語による双方向の意思疎通を図るチャンネルが欠かせない。

蔡英文政権は公用語として台湾華語（中国語）以外に今後、学校教育やビジネスシーン、公務においても英語を第二の公用語にする方針を打ち出している。歴史的経緯は違うが、シンガポールや香港の置かれた言語環境も意識しているに違いない。

英語を公用語の一つにする意味は、当然、米英、オーストラリアやニュージーランド、インドなど、英語圏との意思疎通を高めることにある。しかしそこで、日本のみは唯一、偉大なるローカル言語の日本語のみで「ガラパゴス化」してしまう危惧がある。

日米豪印に英国を加える拡大クアッド構想や、諜報連携、TPPなど経済連携の民主主義圏のネットワークを考えても、台湾が一歩も二歩も日本の先を行くことになる。日本はただちに英語教育を根幹から改め、英語人材を急ピッチで育てねばならない。

台湾と同様、政府における公務の一部やビジネスシーンを英語併用型に切り替えていくべきだ。日本文化の伝統や継承といった言い訳は、ここではまったく別次元の問題になる。日本語は完璧にできて当然。そのうえで国際水準をみたす英語が欠かせない。

こうした意識は、ここ数年、日本の各地の高校などでも注目されるようになった台湾への修学旅行で徐々に広がるようになったといえる。台湾の高校生は、母国語はもちろん英語に日本語も流暢に話す学生が少なくない。日本の高校生は驚いただろう。

台湾教育の先進性を取り入れ、英語に加え、世界の華人社会にも通用する台湾華語へ学習の幅を広げてもよい。母国の日本という基盤をしっかり持ちながらも、国際社会を幅広く理解し、コミュニケートし、生き残っていくためには外国語能力が必要不可欠だ。

日本と台湾の中学や高校、大学がそれぞれ提携し、ダブルディグリーで交換留学生を受け入れる制度も早急に整備すべきだ。あるいは台湾の中学卒業証書が、日本の高校入学においても有効になる、といった日台の相互学歴認証制度も確立すべきだ。

このことは優秀な台湾の学生を、米国のみならずもっと日本にも目を向けさせ、日本語学習意欲を高めてもらうことにつながる。日本経済の低迷で、台湾における日本語学習熱はここ20年ほど低下する一方だ。日本には輝くパワーがなくなったからだ。

むろん『鬼滅の刃』に代表される日本のアニメや、歌手などソフトパワーに対する人気は根強いが、それだけでは不十分だ。日本は令和のいま、屈強なる政治経済を日本なりのハードパワーとして再構築し、台湾の若者に支持される国家像を目指さねばならない。

7 日台間の政党外交、議員外交が突破口になる

台湾との間に現在、外交関係のない日本が頼るべき推進力は「政党外交」や「議員外交」だ。自民党の佐藤正久外交部会長が2021年2月、台湾をめぐる外交や安全保障の政策を議論するプロジェクトチーム（PT）を新設し、佐藤氏が座長となった。

通称「台湾PT」は、バイデン米政権発足後、中国軍機が台湾の防空識別圏に侵入する事態などを重く見て、台湾海峡における安全保障で日米の連携策を検討する。さらに米国内法「台湾関係法」に類する日本の法律を議員立法で制定する案もある。

1972年の日中共同声明が足かせとなって日本政府が表立って動けない中で、議員外交による台湾との相互戦略関係の早期構築が、日本の国益のために求められる。対中傾斜はもはや国益ではない。むしろ安全保障上の危機を大きくするだけだ。

とりわけ日本から見て、曖昧にされてきた台湾との関係を、法的にしっかり定めるのは急務

だ。日本の国内法で「台湾関係法」を制定して、人的往来や貿易、投資、技術交流、農漁業、航空海運、防疫、安全保障などで台湾の法律上の地位を明確にせよ。

中国が「ジェノサイド」問題などで今後、国際社会からさらに孤立し、バイデン米政権や欧州が台湾との外交関係の樹立に動く可能性も想定し、日本は水面下で直ちに動ける準備を進めておくべきだ。中国と台湾の二重承認は国際社会の重要課題になる。

東アジアの民主主義社会は断崖に追い詰められている。いまこそ日本は強いリーダーシップを取り戻し、欠かせないパートナーである台湾との絆を強固なものにし、米英豪印との拡大クアッド、そして防諜連携、ＣＰＴＰＰによる経済共同体を推進せねばならない。

第2章

日台が民主主義の発展で国際社会をリードするために

東京大学大学院総合文化研究科教授
阿古智子

阿古智子（あこ・ともこ）　1971年、大阪府生まれ。香港大学大学院博士課程修了。在中国日本大使館専門調査員、学習院女子大学准教授、早稲田大学国際教養学部准教授などを経て、東京大学大学院総合文化研究科教授。専門は現代中国論。著書に『貧者を喰らう国 中国格差社会からの警告』（新潮社）など。新著に『香港 あなたはどこへ向かうのか』（出版舎ジグ）がある。

1 はじめに

日本と台湾の周辺には、権威主義体制によって運営される国が多数存在している。北朝鮮は個人独裁の国であり、中国は共産党を中心とした支配政党独裁を敷く権威主義国家である。ロシアは複数政党が存在しているが、選挙制度が与党や現職大統領に有利に設計されているといわれており、選挙権威主義体制の典型例として取り上げられることが多い。

ベトナム、ラオス、シンガポール、カンボジアなど、支配政党が長く政権を続けている国々や、フィリピンやインドのように、政治指導者の強権的手法やポピュリズムの色合いが濃い統治によって、民主主義の後退が印象付けられる国々もある。最近では、ミャンマーの国軍がクーデターを起こし、アウン・サン・スーチー国家顧問やウィン・ミン大統領など与党・国民民主連盟の幹部を相次いで拘束した。

日台を取り巻く国際環境が、こうした近隣諸国のあり方に強く影響される状況において、私たちは強い危機意識を持ち、民主主義の制度を更新し、その価値を高めるために実践を継続しなければならない。民主主義が活力を維持し、効果を発揮するためには、その構成員が主体的に制度運営に参加することが重要だ。

市民の政治参加のあり方については、既に多くの議論が行われてきた（★1）。経済・社会的格差が拡大する中でいかに政治的平等を保障するか、エリートや専門家と一般市民との関係をどう構築するか、政府によるガバナンスの強化と国民による主体的な参加の整合性をどのように確保するかなど、私たちが取り組むべき課題は山積みである。

さらに、AIの時代に入り、ビッグデータを所有する国や企業による情報管理のあり方にも注目が集まっている。私たちは、人類が長い歴史の中で築いてきた知的資産を十分に活用し、より公平・公正な形で持続可能な発展を目指すべきであろう。そのためには、自由、人権、民主主義、法の支配といった普遍的価値を共有しながら競争やコミュニケーションが行われるよう、ルールづくりや政策の見直し、教育活動を推進する必要がある。

2 なぜ政治参加が重要なのか

民主主義において、市民の政治参加が重要であることは異論の余地はない。では、具体的にどの部分を重視すべきであるのかを、⑴政府と市民の関係、⑵寛容で思慮深い市民の育成、⑶政治システムの安定、この3つの側面から考えてみよう。

まず、政府と市民の関係について。政府は国家を運営するために、社会から受け取った情報やエネルギーを政治システムに注入し、政治システムを維持する。一方、市民は政治参加を通して、公共財や価値の配分に関する自己の選好を伝達する。政府の行動と市民の選好が矛盾を来さないように圧力をかけ、政府の決定をコントロールする。つまり、民主的な政治参加は、国家と社会の間で、政府の行動と市民の選好の矛盾を正す働きを促すことができる。

2つ目の市民の育成について。市民は政治に参加することを通して、政治に関心を持ち、政治に対する信頼感を高め、自らの政治的役割を考えるようになる。社会への帰属意識を高め、政治的決定が民主的に行われていれば、たとえそれが自らの選好と異なっていたとしても、決定を受け入れようとする。政治参加によって、市民は寛容の精神と思慮深さを身につけるのである。

3つ目の政治システムの安定について。政府と市民の間に緊張関係が高まれば、政治システムは不安定になる。政府が市民の選好に能動的に反応すれば、市民は参加を通して国家と一体感を持つようになる。逆に、政府が市民からの要求を拒絶し続ければ、市民は政府に著しい不信感を持つだろう。政府の統治能力が低ければ低いほど、政府は市民の要求に適切に応えることができず、政治参加を強権的に抑えようとする。政府が強権を発動しても、一定の限度を超えると市民の要求を抑えきれなくなる。

市民のさまざまなニーズを効果的に調整するのは容易なことではないが、民主主義システムにおける政府は、市民の政治参加のチャネルを拡大し、情報を可能な限り公開し、その困難な調整を何度も経験することによって、統治能力を高めていく。

しかし、民主主義の手続きには時間もコストもかかる。短期間に成果を上げるために、情報を非公開としたり、政治的制裁を課したりして、市民の政治参加を抑制することもあるだろう。

3 民主主義における節度

政治参加の具体的な形態について、S・ヴァーバ、N・ナイ、J・キムが1978年に出版した『政治参加と平等』は、(1)投票、(2)選挙活動、(3)地域活動、(4)個別接触（私的な問題についての公職者との接触経験）の4つのモードに分類して政治参加の状況を調べた重要な実証研究として、今日に至るまで広く参考にされている（ヴァーバ、ナイ、キム1978＝1981）。

このヴァーバらは研究の対象には含めていないが、その後の研究において、社会的に疎外され、既成の政治システムにアクセスを持たない少数者が不満を高めることで生じる抗議活動や、既存の政治制度の正当性に挑戦するような暴力行為をも政治過程の範囲に捉えられるようになった。

特に1960年代後半から1970年代にかけて、先進民主主義諸国で学生運動や反戦デモ、環境運動などの市民の政治活動が噴出し、非従来型、非制度的参加形態としての抗議活動が研究の対象となった。そこで明らかになったのは、こうした抗議活動の多くは暴力性が低く、合法的であり、参加者は教育機会や所得に恵まれた者であり、目指していたのは政治体制の転覆ではなく、改良であるということだった。

しかし、政治指導者の排除や政府体制の転覆を目指す革命、政府の決定に影響を与えることを意図する騒乱や反乱など、人や個人財産に物理的損害を与える政治参加も存在する。最近の東アジアでは、台湾のひまわり学生運動、香港の雨傘運動、逃亡犯条例改正案反対デモなどにおいて破壊行為や暴力が見られたが、中国との間の「サービス貿易協定」の白紙撤回を求めたひまわり学生運動は、政府と学生の間で対話が行われ、立法院の占拠は1か月足らずで終了した。

一方、香港では、ビジネス街や官庁街の占拠、デモ活動が長期間にわたり、経済にも大きな影響を及ぼした。しかしそれは、「一国二制度」という国際公約が中国の強大な力で踏みにじられる中で、市民の怒りが高まったからである。ほとんどのデモ参加者が平和的に活動に参加していたにもかかわらず、警察による強制排除が行われ、中国政府が強行する形で国家安全維持法が施行されるに至った。

政治的な対立が高まることは、民主主義の安定や存続を考えればマイナス要素が多いという議論もある。S・リプセットは、教育程度が低く、団体・組織に参加していない下層階級は権威主義に傾斜しがちであり、社会経済的地位の低い人たちの政治参加は民主主義にとって脅威となり得ることを示唆している（リプセット1960＝1963）。デモ行進や抗議活動が頻発し、労働組合運動が高まった1960年代、ハンティントンは国民の政府への過剰な要求が政府の統治能力に深刻な危機をもたらしているとして、「民主主義における大幅な節度」を求めた。

社会保障費が急増し、財政赤字やインフレーションが深刻になると、国民の不満は高まり、政府の権威は低下する。権威を失った政府は、財政再建などに取り組めなくなるからだ。国民が節度を保ち、「民主主義がより均衡の取れたものであるなら、その寿命も伸びる」と述べる。

だが、政治システムの安定と効率は重要であるが、主権者がどのような社会を、国をつくりたいのかを考え、その理念と展望に基づいて、政治システムの持続性や効果を測る必要があるだろう。公的領域において、自らの不満をどのように解消できるのかを認識していない市民は、政治に関心を持とうとしない。

政治への関心を高めるためには、選挙民に有効な政治参加に必要となる情報を提供し、政治に関わる選択肢を明確に示さなければならない。また、短期的に社会的・経済的な損失があるとしても、長期的に見れば、社会運動は社会的停滞や硬直した政治システムを突き崩し、政策や制度に変革をもたらし得ることも考慮すべきであろう。

4 政治参加の不平等

ルソーは、「国家がよく組織されるほど、市民の心の中では、公共の仕事が私的な仕事よりも重んぜられる。私的な仕事は、はるかに少なくなる、とさえいえる。なぜなら、共通の幸福の総和が、各個人の幸福のより大きな部分を提供することになるので、個人が個別的な配慮に求めねばならぬものは、より少なくなるからである」と述べ、個人の関心と公的思慮が融合された状態を理想の国家と捉えた（ルソー1762＝1954）。政治参加の場を持ち、民主的意識を高めた道徳的な市民が育成されれば、政治システムは安定するという考え方である。

しかし、このような直接民主政治は理想的ではあるものの、現実には厳しい条件がある。共同体の構成員の社会経済的属性は均質でないことが多いからだ。先行研究は、ルソー型の民主主義を機能させるには、構成員が均質であり、共同体の規模が小さく、討論される問題の争点が単純で、構成員が参加へのモチベーションを有していなければならないことを示唆している（★2）。

そのため、宗教、職業、民族などの相違が大きい地域において、自治区域の分離などが解決法として採用されることもある。いずれにしても、複雑化した大規模社会では構成員の属性やニーズは多様であり、そのため、構成員に政治参加に対するモチベーションを持たせることも困難である。当然ながら、政治参加のコストを払うことなく、利益だけを享受しようというフリーライダーも存在する。

大規模集団において、市民の政治参加は間接的なものが中心となるが、職場や地域社会といった下部集団ではより直接的な政治参加が可能になる（ペイトマン1970＝1977、マクファーソン1977＝1978、ヘルド1996＝1998）。

ただ、地域や職場でも投票権を行使するだけでは実質的な参加に繋がらず、市民の公共心も育たないだろう。やはり重要なのは、参加の過程における熟議のあり方である。昨今、熟議民主主義については多くの議論が行われている（フィッシュキン2009＝2011）。

また、「投票における平等」に加えて、「実効的な参加」が重要だという議論は、ダールも展開している。社会経済的地位の高い市民は、所得の再分配に否定的な態度を示す傾向にあり、政治的不平等は確実に存在するからだ（ダール2006＝2009）。

政治参加の格差を縮小するため、オーストラリア、ベルギー、シンガポールなどでは義務投票制を採用し、政治参加を人為的に高めようとしている。しかし、強制的に政治的平等を達成しようとすると、個人の自由を侵すことにもなる。日本では選挙運動や選挙献金の仕方に厳しい法的制限を設け、政治的平等を確保しようとしているが、桜を見る会の問題や河井案里元参議院議員の公職選挙法違反など、最近の事例からも見えてくるように、制度設計上の問題や政治家の倫理観が問われている。

5 反知性・反エリート主義、ポピュリズム

以上、見てきたように、現代社会において、すべての市民が能動的に政治に参加しようとするわけではなく、社会経済的格差もあり、政治参加の平等が保障されていないという現実もある。ルソー型の直接民主制には厳しい条件があるため、多くの場合、市民は地域や職場での活動を通して政治を理解し、政治に関わる。その中で、市民は政治家や官僚を評価したり、専門家から得た知識や情報を活用したりするのであり、このコンテクストにおいて、市民とエリートとの関係性が民主主義において重要な要素となる。

しかし、持っている知識や情報も、使える政治権力や社会資本も異なる一般の市民とエリー

トの間では、多くのコミュニケーションに関わる問題が生じている。例えば、知的権威やエリート主義に懐疑的な立場をとる人たちが、データやエビデンスより、感情を基準に物事を判断する「反知性主義」が問題視されている。ただこれは、民主主義における必要な要素でもあり、知的権威・エリート側の問題を考えるべきだという指摘もある。つまり、知性と権力が結びつくことへの大衆の反感が反知性主義の原動力にあるのであり、知性そのものにではなく知性主義への反発だという（森本2015）。

エリートへの反発はポピュリズムの観点からも論じることができる。ポピュリズムは、(1)固定的な支持基盤を超え、幅広く国民に直接訴える政治スタイル、(2)「人民」の立場から既成の政治やエリートを批判する政治運動と定義できる。

つまり、ポピュリズムとは、政治変革を目指す勢力が既成の権力構造やエリート層を批判し、「人民」に訴えてその主張を目指す運動であり、民意を反映していない民主政治への失望や疑念から生まれる（水島2017）。

ポピュリズムにおける「人民」について、水島治郎はカノヴァンの3つの分類を引用し、次のように説明する（★3）。(1)「普通の人々」（「特権層」に無視されてきたサイレント・マジョリティ）、(2)「一体となった人民」（特定の団体や階級ではなく主権者たる国民）、そして(3)「われわれ人民」（同質的な特徴を共有する人々だ。「国民」や民族集団を「人民」と見なして優先する）。

ここで、「一体となった人民」は、民意が多様であるとはとらえていない。また、同質性を強調する「国民」や民族集団を「人民」とみなす場合、外国人や民族的・宗教的マイノリティは「よそ者」として批判の対象となる。

人民主権を前提とする民主制において、既存の制度や支配層が十分に機能せず、有効な政策を打ち出せていない場合や、汚職や不正で信用できないと考える人が増加すると、ポピュリズムへの支持が拡大する。民主主義は本来、民意を基礎とするものの、民衆全体の利益を安易に想定すれば、マイノリティへの抑圧につながる危険性もあり、その意味において、衆愚政治に転じるリスクは常についてまわるのだ。

白人労働者階級の雇用を訴え、移民労働者に不寛容な態度を採ったアメリカのトランプ政権も反エリート、反知性主義、ポピュリズムの特徴を備えていたといわれる。トランプ政権は権威主義を批判し、自由主義を標榜しながらも、最終的には自由主義世界の敵にまわった。リバタリアニズム（自由至上主義）の対極にあるのがポピュリズムであり、権威主義や全体主義と同義であるというリバタリアン党創設者のデイヴィッド・ノーランの指摘は示唆的である（森村2001）（★4）。

近年の権威主義リーダーは、大衆の反発を引き起こすリスクが高く、高度な組織力を必要とする反体制派の大量殺害や投獄・暗殺といったあからさまな暴力や高烈度の抑圧を用いるよりも、法律を巧みに操作・解釈して表現・結社・集会の自由などを制限したり、ソーシャルメディアを用いて反対派の監視を強化したりして無言の圧力を加え、より間接的かつ目に見えない形で反対派の活動を抑圧する統治戦略（低烈度の抑圧）に依存するようになっていると、フランツは指摘する（フランツ2018＝2021）。

民主主義国家においても権威主義的なポピュリズムが蔓延《はびこ》る背景に、低コストで、効率的に不特定多数に向けて情報発信や意見表明ができるソーシャルメディアの存在があることを見過ごすことはできない。

また、ポピュリストを支持する大衆の側も、「我々」意識を強化し、そのカテゴリーに入らない集団を排除したり、差別したりする傾向が見られる。フェイクニュースを信じて実際にはあり得ない「敵」を想定したり、ヘイトスピーチによって言葉の暴力が深刻化したりしている。

自らの目で見て、耳で聞くことが中心のリアルな政治参加とは異なり、匿名でも参加できるサイバー空間では、信頼性の低い情報や誤情報が溢れており、意図的な情報操作も行いやすい。トランプ前大統領を支持し、「アメリカは『ディープステート（影の政府）』に支配されている」などと唱える陰謀論がネット空間で広がった背景には、弱肉強食の社会における格差や貧困、敗者の怒りや閉塞感があるが（★5）、それに拍車をかけているのがバーチャルな環境であるといえる。

ネット技術の発展によって、私たちは付き合いのなかった人たちとつながりを持ち、視野を広げており、当然ながらそのプラスの側面は大きいのだが、建設的な議論に参加できる市民を育てる条件として、ネット空間での活動とリアルな経験を効果的に結びつける必要があるのではないだろうか。そうしてこそ、他者を生身の人間としてイメージすることができるのではないだろうか。

コロナ禍において人々の閉塞感は高まっている。政治エリートが、自らを敗者ととらえる人々の知性主義・エリート主義への反発を正面から受け止め、社会を動かす重要なメンバーとして彼らと向き合うことで、民主主義のプロセスが実質的な意味を持つのだといえる。そうでなければ、陰謀論はまた広がっていく。さらに、メディアや市民社会、専門家がどのように権力の監視を行うかが、民主主義国家を権威主義国家と区別し、その価値を高めるポイントにもなる。

表現の自由を制限する権威主義国家では、情報の歪曲・操作、自らのイメージを高めるプロパガンダや教育活動が盛んである。中国の官製メディアは香港の民主化運動を「暴徒による騒乱」と伝え、権威主義体制による統治の正当性を強調したが、複雑な社会運動を単純化し、自らの主張に合わない勢力を敵対視する言論は排他的なナショナリズムや愛国心を醸成する。

やがて、そのような情報にばかり触れている国民は、国家によるハードパワーの利用さえ積極的に支持するようになるだろう。つまり、シャープパワー（外国に対する世論操作や工作活動によって、自国に有利な状況を作り出す外交戦略）の浸透を阻止しなければ、戦争のリスクが高まることになる。

6 日本：支持参加モデルから逆リベラル・モデルへ

東アジアの政治参加の現状について考えるとき、非常に対照的な事例として日本と香港を挙げることができる。日本社会では政治に無関心な人（あるいは無関心を装う人）が多く、投票率も低い一方で、香港では民主化を求める人が増え続け、逃亡犯条例改正案の反対デモには、すべての社会階層や年齢層が参加したといわれている。

アーモンドとヴァーバは、国民が政治過程に対してもつ指向、すなわち政治文化を参加型、臣民型、未分化型に分類している（アーモンド、ヴァーバ1963＝1974）。簡単にいうと、政治システムの入力と出力の両局面に関心をもつのが参加型で、出力のみに関心をもつのが臣民型、両方に関わろうとせず、無関心であるのが未分化型である。

アーモンドとヴァーバの研究によると、米国、英国の政治文化は参加型指向が強いが、臣民型、未分化型の指向もほどよく含まれていた。彼らは、この3類型がバランスよく混合された文化を「市民文化」と呼び、この混合型政治文化こそが安定的な民主主義に適合すると主張する。

第二次世界大戦後の日本は、高度成長を達成したうえ、経済格差も広がらないという世界でも稀なケースだった。それは、経済成長から構造的に取り残された農民が政治的に力をもち、政策的に多くの資源が都市部から農村へ分配された結果でもあった。

持たざる者の大量の政治参加は既存の政治秩序の変革を促し、政治的不安定をもたらすと考えられてきたが、日本の農村住民の政治参加は決して反体制的ではなく、むしろ体制支持的でさえあった（蒲島、境家2020）。

アーモンドらは、「標準モデル」として、個人的動機・資源をより豊かにもつ人ほど政治参加度が高いというパターンを見出していた。それに対して、1960年代以降、日本の参加格差構造は質的に変化し、低学歴層ほど投票に行くという現象が確認されるようになった。農協など利益団体が政治的動員の基盤となり、自民党政権は農村部からの「入力」によく応え、手厚い分配政策を「出力」したからだ。

蒲島郁夫と境家史郎は、この日本型の支持参加モデルは1990年前後で再び質的変化を遂げ、2000年代以降の選挙では明確に投票参加の高学歴バイアス構造が確認できると指摘する。そして、1990年代以降の日本では「政治参加の拡大↓社会経済的平等↓社会経済的発展↓政治的安定↓政治参加の拡大」というリベラル・モデルとはまったく逆の、「社会経済的発展の減速↓政策的選択肢の減少↓政治参加の縮小↓社会経済的不平等の拡大↓社会経済的発展の減速」という悪循環を繰り返していると述べる（蒲島、境家2020）。

日本社会における政治的無関心、特に若い世代の投票率の低さなどは、この悪循環に突破口を見出せないという悲観的な見方が浸透しているからだろうか。コロナ禍によって、今後、社会経済的不平等はさらに拡大するだろう。何らかの形で、国民の建設的で主体的な政治参加を促進する施策を取らなければ、悪循環は今後も続く可能性が高い。

7 香港：権威主義の到来に苦しむ市民

「民主はないが、自由はある」というのが香港政治の特徴だといわれてきた。香港研究の第一人者である倉田徹は、香港は「権威主義的な国家の体制と自由で自律的な市民社会の共存」、言い換えれば「『中国式』の政治と『欧米式』の社会が併存し」、「習近平個人独裁の色合いを強めている巨大なピラミッド型の中国政府組織の下に、行政長官を長とする香港政府は組み込まれている」が、「市民社会は多元的で、このピラミッドとは接続していない」と説明する

（倉田２０２０）。

政治と社会が乖離する香港の特徴は、「一国二制度」だからこそ見られるものでもあるが、実際のところ、返還前の香港は、現在以上に強力な植民地支配の独裁体制であり、その下に世界一自由なビジネス空間が存在していた。つまり、民主はなくとも政治の干渉が少ない環境下で、社会は自律性と主体性を保ってきた。しかし、返還に向けた過渡期に、イギリスは香港の民主化を進め始めた。返還後は経済の「中港融合」が進み、香港が「国家の安全」への脅威とならないように、中国政府は香港社会に介入するようになった。これに対して香港社会は反発し、「中港矛盾」が生じた。

「一国二制度」という世界でも例を見ない実験において、50年という期限がくる前から中国の影響力は着実に浸透していった。危機感を覚えた人たちは、民主化運動に積極的に参加した。反国民教育運動（２０１２年）、雨傘運動（２０１４年）、逃亡犯条例改正案に対する反対デモ（２０１９年）の中心になっていたのは若い世代だったが、彼らは批判的思考能力の育成を目指して進められた教育改革の影響を受けているともいわれる。

香港では多元文化・世界市民モデルの「公民教育」が国民国家の論理に基づく「国民教育」よりも先行して始まり（中井２０１６）、１９９２年には「通識教育（Liberal Studies）」が選択科目として導入され、２００９年に必修科目に格上げされた。香港の高校生は卒業時に受験する公開統一試験「中学文憑考試（DSE）」で、英語、中国語、数学に並んで、通識教育を受験する。

通識教育は、20世紀半ばのアメリカで確立された「探究式学習（Inquiry-based learning）」を参考にしたといわれている。「独立専題探究（Independent inquiry study）」という教授法で批判的思考能力の育成を目指すものであり、常態化していた丸暗記型学習を抜本的に改革し、これまでの教科学習を超えた「詰め込み教育から生徒の主体的な学び」への転換を図った。

国家安全維持法の施行を受けて、香港政府は国家安全教育を推進する方針を示し、次々に行動に移している。２０２０年11月26日、通識教育の範囲の縮小、中国人意識の養成を重視する内容への変更が発表された。３年で２５０時間の授業時間を来年度から半減し、順法意識、愛国心の形成、世界的視野の発想を育てることに力を入れるのだという。通識教育で使われる教材は、教育当局の審査に合格しなければならなくなった。

親中派の政治家らは、通識教育は若者を逃亡犯条例改正案の反対デモに駆り立てる要因となり、そこから反政府活動が広く発展したと主張している。しかし、大多数の人たちは平和的にデモに参加し、理性的に考えを述べ合い、民主的な手段での政治参加を求めていた。

人間は時に感情を抑えられず、異なる意見を持つ者を激しく批判してしまうこともある。互いに尊重し合いながら議論を深めていくことを学ぶのが、民主主義の教育であり、香港の人たちはそのプロセスを丁寧につくろうとしていた。デモの過激化の背景には、香港が抱える政治・経済・社会的要因が複雑に絡み合っており、教育だけが問題ではないだろう（阿古2020）。

このように、国家安全維持法の導入によって「一国二制度」さえ風前の灯となっている香港では、若者たちは身につけてきた批判精神も、論理的な思考力や判断能力も、社会を変革するために活用できず、辛い状況に置かれている。

8 おわりに

以上、市民の政治参加に関する考察を行い、対照的な事例として日本と香港の状況を見てきた。ここからインプリケーションを引き出し、日本と台湾が世界において民主主義の推進をリードするために、どのような側面で協力し合うべきかについて、提言を述べたい。

提言1　民主主義の理念と実践における協力

国民主権の理念を徹底するため、それぞれにおいて、そして連携しながら、政治制度改革や実践を進める。

提言2　国民の政治参加の量的拡大と質の向上のための協力

民主主義のプロセスが実質的な意味を持つように、熟議民主を実践する。反知性主義・反エリート主義、ポピュリズムの動向を分析し、社会的弱者との向き合い方を検討する。

提言3　市民教育における協力

国民が主体的に政治に関心を持ち、参加できるように、社会的責任を果たしながら市民社会の形成に関われるように、学校及びコミュニティでの市民教育に力を入れる。

提言4　シャープパワー対策、メディアリテラシー教育における協力

外国に対する世論操作や工作活動によって、自国に有利な状況を作り出そうとする外交戦略（シャープパワー）に対抗するための施策を実施する。同時に、メディアリテラシー教育を充実させ、国民の、政府関係機関の情報分析能力を高める。

提言5　人権や民主主義に関わる普遍的な価値観を共有できる人たちとのネットワークづくり、迫害されている活動家や知識人への支援（主に中国に関して）

中国の政治体制が短期間のうちに変わるとは考えられないし、中国が民主化するというシナリオもそう簡単には描けないが、人権派弁護士や改革派知識人など、価値観の共有できる人たちとのパイプづくりを地道に行うとともに、迫害されている活動家や知識人への支援を行う。貫くべき民主主義の理念を曲げない形での中国との関係構築を模索する。

コロナ禍によって、世界情勢は大きく変化している。各国において、社会経済的格差が拡大するなかで、市民と政治エリートの関係は今まで以上に複雑になりつつある。異なる立ち位置にいる者が相互に尊重し合い、建設的な議論を通じて利害を調整し、コミュニケーションを深めることを学ぶ必要がある。日本と台湾は継続的に民主主義と市民の政治参加に関する共同研究を行い、互いに実践の効果を確認し合い、経験を世界に向けて発信していくべきであろう。そうすることによって、国際社会からの評価を高めることができる。市民教育やメディアリテラシー教育を充実させ、市民の育成にも力を入れる必要がある。

〔注釈〕

★1：ここで述べた市民の政治参加の3つの側面については、『政治参加論』（蒲島、境家2020）を参照した。

★２：蒲島、境家（２０２０）が整理している先行研究を参照。

★３：水島（２０１７）が引用するカノヴァンの論文は、Canovan, Margret, "Trust the People! Populism and the Two Faces of Democracy," Political Studies, Vol. 47, no.1, 1999, 2-16.

★４：デイヴィッド・ノーランは政治思想の概念図（ノーラン・チャート）を作り、リバタリアニズムを経済的自由と個人的自由の両方を支持するものとして定義し、個人的自由のみを擁護する左翼—リベラル、経済的自由のみを擁護する右翼—保守と対比させた。個人的自由と経済的自由のどちらの拡大についても慎重な立場をとるのがポピュリズムだという。

★５：「『Ｑアノン』『千人計画』陰謀論が広がる背景は」『読売新聞』２０２０年12月５日。

また、「(ヴァーバ、ナイ、キム１９７８＝１９８１)」などは、原典の出版年＝翻訳書の出版年を意味する。

［参考文献］

阿古智子『香港 あなたはどこへ向かうのか』出版舎ジグ、２０２０年

Ｇ・Ａ・アーモンド、Ｓ・ヴァーバ『現代市民の政治文化——五ヵ国における政治的態度と民主主義』勁草書房、１９７４年（Almond, G.A. and S. Verba. 1963. The Civic Culture: Political Attitudes and Democracy in Five Nations. Princeton University Press）

エリカ・フランツ『権威主義：独裁政治の歴史と変貌』白水社、２０２１年（Frants, Erica. 2018.

Authoritarianism: What Everyone Needs to Know. Oxford University Press)

蒲島郁夫、境家史郎『政治参加論』東京大学出版会、２０２０年

倉田徹「〝一国二制度〟の統治と危機―：複雑化する政治と社会の関係」倉田徹・倉田明子編著『香港危機の深層「逃亡犯条例」改正問題と「一国二制度」のゆくえ』東京外国語大学出版会、２０２０年

R・A・ダール『政治的平等とは何か』法政大学出版局、２００９年（Dahl, Robert. A.2006. On Political Equality. Yale University Press)

中井智香子「香港の『通識教育科』世代の社会意識をめぐって」『アジア社会文化研究』17巻、２０１６年、1~27頁

S・ヴァーバ、N・H・ナイ、J・キム『政治参加と平等：比較政治学的分析』東京大学出版会、１９８１年（Verba, Sidney, Norman H. Nie and Jae-On Kim. 1978. Participation and Political Equality: A Seven-Nation Comparison. Cambridge University Press)

フィッシュキンJ・S・『人々の声が響き合うとき：熟議空間と民主主義』早川書房、２０１１年(Fishkin, J. S. 2009. When the People Speak: Deliberative Democracy and Public Consultation. Oxford University Press)

ペイトマンC・『参加と民主主義理論』早稲田大学出版部、１９７７年(Pateman, Carole. 1970. Participation and Democratic Theory. Cambridge University Press)

ヘルドD・『民主政の諸類型』御茶の水書房、１９９８年（Held D. 1996. Models of Democracy, 2nd ed. Polity Press)

マクファーソンC・B・『自由民主主義は生き残れるか』岩波書店、１９７８年（Macpherson, C.B. 1977. The Life and Times of Liberal Democracy. Oxford University Press)
水島治郎『ポピュリズムとは何か：民主主義の敵か、改革の希望か』中公新書、２０１６年
森村進『自由はどこまで可能か：リバタリアニズム入門』講談社現代新書、２００１年
森本あんり『反知性主義：アメリカが生んだ「熱病」の正体』新潮選書、２０１５年
リプセットS・M・『政治のなかの人間：ポリティカル・マン』現代創元新社、１９６３年（Lipset, S.M. 1960. Political Man: The Social Bases of Politics. Doubleday & Company)
ルソー『社会契約論』１９５４年、岩波書店（Rousseau, Jean-Jacques. 1762. Du Contract Social)

第3章

中国の海洋侵出を抑止する日台米間の安全保障協力

日本安全保障戦略研究所理事長
元防衛省防衛研究所図書館長
髙井晉

髙井晉（たかい・すすむ）　１９４３年、岡山県生まれ。青山学院大学大学院法学研究科博士課程単位取得後、防衛庁（現防衛省）防衛研究所助手、研究室長、図書館長を経て定年退官。この間、ロンドン大学キングズカレッジ大学院で「国際武力紛争法」および「防衛学の法的側面」を研究、青山学院大学（国際法）・同大学院（国際平和協力論）講師、二松学舎大学（国際関係法）講師、尚美学園大学大学院（国際法）客員教授、東京都市大学（国際法）講師等を兼任。現在、日本安全保障戦略研究所（ＳＳＲＩ）理事長、水と海洋の未来研究所（ＦＲＩＷＯ）理事長、防衛法学会名誉理事長。専門は国際法（国際海洋法、国際航空宇宙法、国連安全保障法）、国際武力紛争法、防衛学の法的側面。単著に『国連安全保障法序説』（内外出版、２００５年）、『国連と安全保障の国際法』（内外出版、２００９年）、『パワーポイント国際法』（内外出版、２０１５年）等。共著に『中国の野望をくじく　日本と台湾』（内外出版、２０１４年）、『中国の海洋進出を抑え込む　日本の対中防衛戦略』（国書刊行会、２０１７年）、『近未来戦を決する「マルチドメイン作戦」』（国書刊行会、２０２０年）、その他、国連安全保障法、国際海洋法、国際航空宇宙法、島嶼領土問題に関する論文など多数。

1 問題の所在

1911年の辛亥革命を経て、中華民国は1912年に大清国の承継国となったが、政権を担っていた中国国民党はその後、中国共産党との間で内戦状態に陥った。国共内戦に敗れた中国国民党は、1949年に中華民国の首都機能を暫定的な措置として台湾島の台北市に移し、他方、中国共産党は、1949年10月1日に中華民国から分離独立して中華人民共和国（以下、中国）を建国した。

中国は、「大陸反攻政策」を掲げる中華民国の蔣介石一派を「反乱団体」とし武力による統一を目指したが、今日に至るまで台湾島を制圧できていない。それ以降、同政策を停止した中華民国（以下、台湾）は、台湾島、澎湖諸島、金門島、馬祖諸島、南シナ海の太平島、東沙群島に対し統治権を有効に行使している。

中国共産党は、中国建国以来一党独裁を維持しており、党内での権力闘争を繰り返していたが、鄧小平が経済開放政策を推し進めることにより国内経済は安定してきた。中国経済が豊かになると、胡錦濤共産党総書記（国家主席）は2012年11月の総書記退任時、マハンの海洋戦略を採用し、中国は「海洋強国」になることを宣明した。後任の習近平総書記（2013年

3月に国家主席を兼務）は、国家目的の「中国の夢」は「偉大なる中華民族の復興」であると明らかにした。

また中国は、2009年に台湾、チベット、新疆《しんきょう》ウイグル、南シナ海について、実力をもっても確保する核心的利益であると主張し、1971年に初めて領有権を主張した尖閣諸島を2013年に核心的利益に追加したのであった。

日本は、中国共産党の政治戦略や軍事戦略のターゲットは尖閣諸島と台湾の領有であることを理解し、中国の海洋侵出に警戒を緩めてはならない。今や世界第2位の経済力を背景に海洋強国となった中国は、版図の拡大や海洋権益の確保を決してあきらめないからである。

中国の尖閣諸島や台湾への軍事侵攻は、増強した軍事力が米国の軍事力に十分対抗できると判断するまでは、これを差し控えるであろう。孫子の教えに忠実な中国共産党は、勝利が見込めない戦争に訴えることをしないからである。また孫子は、戦わずして勝利するのが最上策であるとも教える。中国が尖閣諸島へ軍事的に侵出した場合、トランプ政権もバイデン政権も共に日米安全保障条約第5条に適用事態と言明しているが、人民解放軍ではなく中国海警局が少しずつ行う実質的な尖閣諸島のコントロールは、同条約第5条が適用される事態と見做されるのであろうか。

中国海警局による海洋侵出は、既に尖閣諸島や馬祖諸島の周辺海域で実践されていることに鑑み、日本と台湾は、軍事的に中国に対抗できる唯一の米国に理解と協力を求め、日台米の安全保障協力を宣明して、これに備えなければならないのである。

2 中国の海洋侵出の背景と実体

(1) 実践する孫子の教えと3戦

中国は、国家目標の追求に際して、アルフレッド・マハンの海洋戦略を参考にして、孫子の教えを実践しているといわれている。米海軍少将であり歴史学者でもあったマハンは、その著書『海上権力史論』で、海上戦略の本質は基本的には「通商のための制海権」の争奪であり、海軍力の優越によって制海権を確立して海上貿易を行い、海外市場を獲得して国家に富と偉大さをもたらすことであると説いた。またマハンは、歴史の示すところでは制海権を握り戦略的に重要な地点を確保した国が、歴史をコントロールしたと喝破した。中国は、共産党の生存をかけて、海洋通商路と海洋権益の確保のために海洋侵出を拡大させている。

孫子は、「兵者詭道也（戦争とは敵をだます行為である）」、あるいは「勢者、因利而制權也（勢いというのは有利な状況を見抜いて臨機応変に対応することである）」、さらには「不戦而屈人之兵、善之善者也（戦わずして相手に勝つというのが最善の方策である）」といった戦略・戦術を説いている。中国は、孫子の教えを実践に生かすため、2003年12月に改正した「中国人民解放軍政治工作条例」の中で、中国人民解放軍の政治戦略として「輿論戦（世論戦）」「心理戦」「法律戦」の3戦を外交・安全保障政策の中心に取り入れている。

「輿論戦」とは、マスメディアやインターネットを巧みに利用し、国内外の輿論を誘導するために、自国に有利な情報を流し続けることである。今や世界第2位の経済大国となった中国は、外国のマスメディアやシンクタンクに膨大な資金投入を行い、自己中心的な中国の主張を擁護する国際輿論（世論）を喚起させているという。

「心理戦」とは、自国の主張を巧みな表現で恫喝や懐柔を繰り返し、心理的に対抗意識をくじく戦略である。

「法律戦」とは、自国の主張に即したルールを相手側に強要することである。すなわち、自国の利益を優先する国際法解釈に基づく国内法を制定し、他国からの批判にまったく臆することなく、行動の法的根拠とする手法である。法律戦の主たるターゲットが日本と台湾であることは、言を俟《ま》たない。

(2) 中国の海洋侵出の戦術と心理戦

中国は、南シナ海の西沙群島や、南沙群島における島嶼や岩礁を武力で奪取したが、その際にキャベツ戦術を実践している。キャベツ戦術とは、キャベツの芯に狙いを定めた島嶼や岩礁があり、その周りの柔らかい葉は、多くは海洋民兵が乗り組んだ中国漁船で、その外側の少し硬い葉は、漁船の保護を目的とした中国海警局の船舶であり、その外側のさらに堅い葉は、相手国の海軍艦艇に軍事力で対応する中国人民解放軍海軍艦艇であることから、中国のこの戦術はキャベツになぞらえて名付けられた手法である。

キャベツ戦術を実践した典型は、中国の海洋監視船とフィリピン海軍との間の「スカボロー礁事件」である。2012年にフィリピン海軍がルソン島沖合のスカボロー礁内で違法操業する中国漁船8隻を拿捕したところ、中国は、監視船「海監」を現場に急行させ、フィリピン海軍艦艇と対峙させた。その後、フィリピン海軍艦艇が悪天候を理由に引き揚げたため、同環礁は中国の手に墜ちたが、2013年にフィリピンが中国の南シナ海への海洋侵出問題を付託したハーグの国際仲裁裁判所は、2016年に中国がフィリピンの伝統的漁業権を侵害していると裁定した。その後、両国は平和的な解決に合意したが、現在、フィリピン漁船は中国海警局艦船の監視下で操業することが認められているだけであるという。

他方、サラミスライス戦術は、サラミが少しずつ食べられ、気がついたときには全部食べられてしまうことになぞらえた戦術で、少し強く出て相手に咎められると少し引っ込み、相手が油断するとさらに踏み込んで相手の出方を窺う手法である。尖閣諸島周辺海域はサラミ戦術の現場であり、中国は決して尖閣諸島の領有をあきらめず、中国海警局艦船は、日本の隙を伺いつつ尖閣諸島周辺海域へ侵出して常態化を進めている。

また現在、中国の民間海砂採取船と海砂運搬船で構成される大船団が、台湾が領有する馬祖列島の南竿島周辺海域において、ポンプで大量の海底砂を吸い込んで海砂を採取しているため、同島の海岸が変形してきたという。中国海砂採取船の大胆な行動は、中国共産党の明確な中台統一の戦略に基づいたもので、同船団の背後には中国海警局艦船や人民解放軍海軍が控えているといわれ、キャベツ戦略の一環であると指摘されている。中国は、衝突を避け安定的な中台関係を望む台湾に対し、事実の黙認を強要していると思われる。

日本と台湾の安全保障にとって、中国の海洋侵出に関わる行動の透明化は極めて重要な課題であろう。また、強圧的な中国海警局艦船による海洋侵出に直面する日本と台湾は、唯一中国に対抗できる海洋力を有する米国の協力を得て、中国の意図を挫き、海洋侵出を抑止するために、早期に安全保障の協力関係を構築しなければならないのである。

3 中国海警局と連携する人民解放軍海軍

(1) 中国海警法の策定と法律戦

中国の第11回全国人民代表大会常務委員会は、2013年7月に4機関に所属していた政府公船を統合し、人民武装警察法を改正して中国海警局を設置した。中国海警局は、2020年6月に東シナ海を管轄する東部戦区の指揮下に入り、海上権益の保護及び法執行の任務が付与された。さらに同常務委員会は、2021年1月22日に「中国海警法」を採択した。同法は、中国海警局の海上権益保護・法執行活動の任務を具体的に規定したものであり、同年2月1日に施行された。同年は中国共産党結党100周年に当たる。

同法によると、中国海警局は、中国当局の承認なしに島嶼に設置された建造物や構築物に対し強制撤去の権限を有する（第20条）とし、中国の管轄水域で中国法に違反した船舶を強制駆除や強制連行ができる（第21条）のであって、国家主権に関わる不法侵入や不法侵害などの危機においては武器使用を含む一切の必要な措置を取って侵害を制止し危機を排除することができる（第22条）権限が付与されたのであった。

他方、尖閣諸島周辺領海で中国海警船と厳しく対峙している海上保安庁巡視船は、海上保安庁法で武器の使用が著しく制限されている。すなわち、「武器の使用については、警察官職務執行法第7条の規定を準用する」（第20条1）ほか、「他に手段がないと信ずるに足りる相当な理由があるときには、その事態に応じ合理的に必要と判断される限度において、武器を使用することができる」（同条2）と規定されている。

しかし、「軍艦及び各国政府が所有し又は運航する船舶であって非商業的目的のみに使用される」（同条2の1）外国船舶は、この規定が適用されない。すなわち、中国海警局の艦船に対しては武器の使用ができないのである。

中国海警局の艦船は、行動の法的根拠を得て、自国領であると主張する尖閣諸島周辺海域において、これまで以上に大胆な行動に出ることが予想される。例えば尖閣諸島に設置された灯台を撤去する、あるいは尖閣諸島周辺領海で操業する日本漁船の拿捕そして中国への連行等の事態が生じる可能性が現実のものとなろう。また、前述した海砂採取大船団の行動のように、台湾領土の馬祖諸島等を始め南シナ海の太平島周辺海域に在る台湾の漁船や政府公船が、中国海警艦船による武器使用の対象となる可能性が現実になった。

中国海警艦船による武器使用は、中国人民解放軍海軍と連携した武力紛争へと拡大するきっかけとなることが懸念される。日本が海上保安庁法を改正して巡視船の武器使用を容認したとしても、巡視船の搭載武器や装甲等を考えると、中国海警船に対抗することはあまりにも危険であろう。また米国は、人民解放軍海軍の行動ではないこのような事態でも、日米安保条約第5条の適用事態であると判断するのであろうか。米国の判断を待つ間、これらの脅威に直面している日本と台湾は、中国海警船の行動に関する情報を共有し、米国の理解と協力を得て、中国の海洋侵出に対する安全保障協力を開始しなければならない。

(2) 近海防御戦略と対艦弾道ミサイルの開発

中国は、豊かになった経済力の多くを軍事力増強に充て、「偉大なる中華民族の復興」を目指し、「近海防御（Anti Access/Access Denial, A2/AD）」戦略を日本、台湾、米国に強要している。中国の近海防御戦略は、第1列島線と第2列島線で区分され、第1列島線は、西日本から南西諸島を経て、南シナ海の9断線内を結ぶ線であり、外国軍事力が第1列島線以西の海域に侵入することを阻止し、この海域を聖域化することが中国の狙いである。第2列島戦は、伊豆諸島を起点に小笠原諸島、グアム、サイパン、パプアニューギニアを結ぶ線で、第1列島線と第2列島線の間の海域は、台湾有事の際、アメリカ海軍の増援を中国人民解放軍海軍が阻止・妨害する海域と推定されている。

換言すると、「接近阻止（Anti Access）」を実施する第1列島線以西の海域は、東シナ海と南シナ海から西太平洋への通航路であり、宮古海峡、台湾海峡、バシー海峡が双方向の海上交通

第１列島線と第２列島線

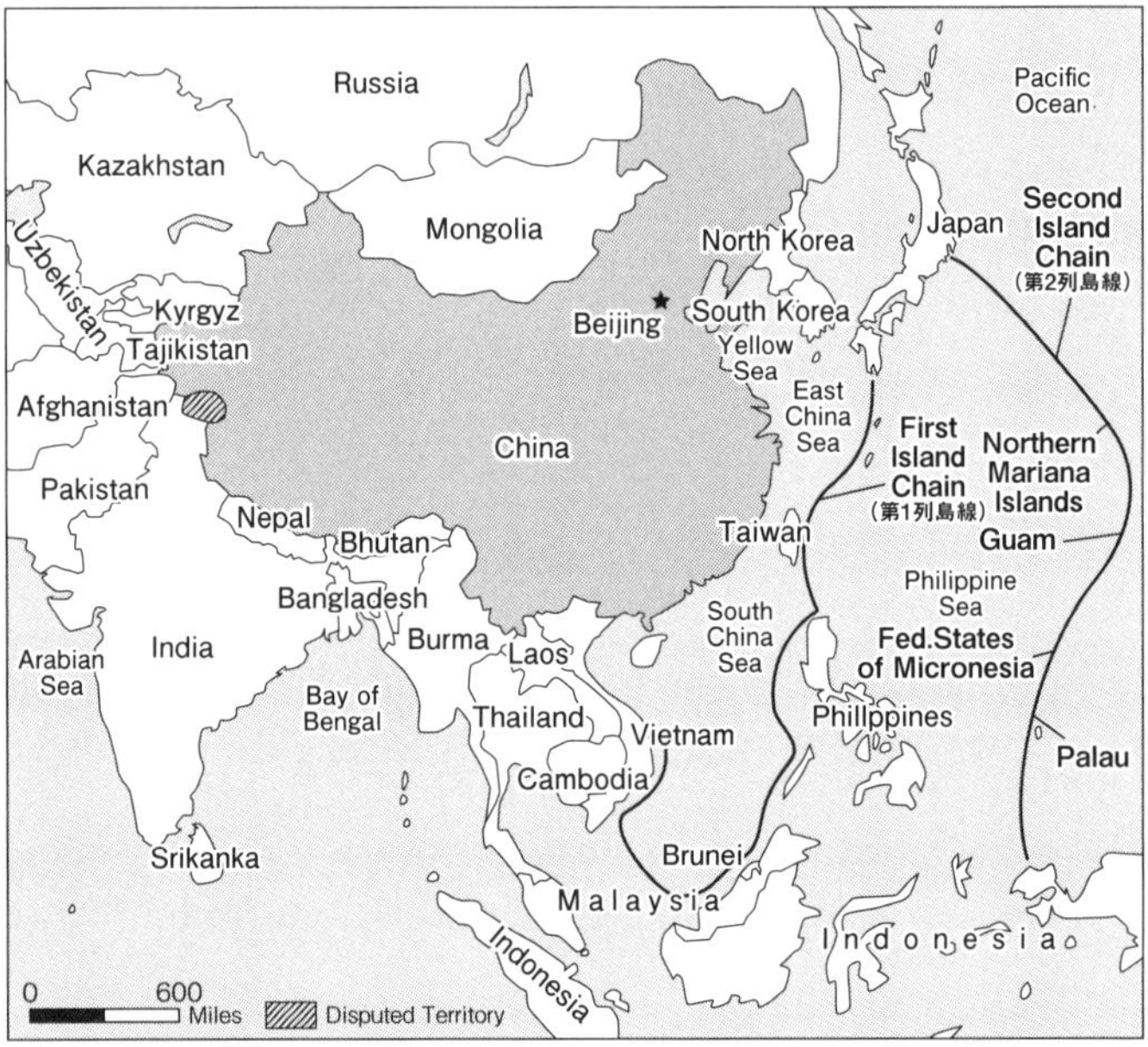

出典：米国防省の議会への報告書「中華人民共和国の軍事及び安全保障の進展に関する年次報告」（2011 年、23 ページ）を筆者加工

をおさえる戦略的要衝である。そして核兵器の第２撃能力を有する原子力潜水艦（ＳＢＮ）が潜伏する、戦略的に最も重要な海域である。中国は、現在、第１列島線以西に在る島嶼と生物・非生物資源の独占を狙い、マハンの教えに基づいて海洋輸送路の安定的利用の確保を狙っているのである。

第１列島線以西における目的が達成された暁には、中国は、米国に対する核戦力の増強が実現されているので、第２列島線以西の海域に対する

「領域拒否（access denial）」の戦略に取り組むと推測されている。

中国は、前述した「南シナ海仲裁裁判」の裁定で否定された人工島の周辺海域に領海、排他的経済水域、大陸棚を主張している。米海軍は、これらの領海主張を認めず、２０１５年以来「航行の自由作戦（Freedom of navigation Operations, FONOPs）」を毎年実施してきた。FONOPsは、中国による国際法違反の行為を咎める「法の支配（rule of law）」の強要である。しかし中国は、米艦船によるFONOPsに反対し、人民解放軍海軍艦、中国海警艦船、海上民兵漁船がハラスメント行為を繰り返しているため、最近の報道によると、米海軍は南シナ海に空母機動群を投入し始めたという。

米海軍と人民解放軍海軍の軍事的な衝突は未だ発生していないが、現在、中国は、射程１０００㎞のＤＦ21Ｄ対艦弾道ミサイル（Anti-Ship Ballistic Missile, ASBM）の実験を南シナ海で繰り返している。同ミサイルが実戦配備されれば、南シナ海と東シナ海の安全保障環境は一変する。日本の軍事専門家によると、南西諸島に対する中国の軍事的侵攻は、台湾への軍事的侵攻と一体となること、そして中国は、米国の軍事的支援がないと判断すれば、一挙に南西諸島と台湾へ軍事的に侵攻し、短期間で目的を達成して占拠したまま居座り、かかる状況を現実として世界に追認させるという。

南西諸島有事に備えて、日米間の合同訓練が実施されている。しかし中国海警局艦船の尖閣諸島周辺海域における大胆な行動は、中国の軍事侵攻事態ではないため、これに備えた共同訓練はまったく行われていないのではないだろうか。

4 安全保障協力に必要な日台間の相互理解

(1) 尖閣諸島の領有問題の本質

日台両国は、安全保障協力を考える上で、尖閣諸島の領有権問題に共通の理解と認識を共有していなければならない。台湾は、1950年代から沖縄の領土的地位に関心をもち、日米間で沖縄返還が検討対象となると、米国務省に非公式に働きかけを始め、沖縄の返還先は日本ではなく台湾であると非公式に訴えていたという。

これが事実か否かについて定かではないが、尖閣諸島の領有権を巡って日台間での意見相違が生じたのは、国連の極東アジア経済委員会（Economic Commission for Asia and the Far East, ECAFE）のアジア沿岸地域鉱物資源共同探査調整委員会（Committee for Co-ordination of Joint Prospecting for Mineral Resources in Asian Offshore Areas, CCOP）が1968年の10月から11月まで行った東シナ海と黄海における鉱物資源調査がきっかけであった。同委員会は、これらの海域における石油埋蔵の可能性を報告し、これが発端となり、日台間の尖閣諸島をめぐる領有権問題が顕在化したことは夙《つと》に知られている。

台湾は、１９６９年7月に台湾海岸隣接領海外大陸棚の天然資源に対する主権声明を発表し、翌年7月に台湾中油股份有限公司（China Petroleum Corp.）と米国パシフィック・ガルフ社との間で締結される予定のコンセッション（石油探査契約）を承認した。この契約は、ガルフ社への北緯25度から27度の間、および東経１２１度から１２５度の間の東シナ海域の大陸棚に対する石油鉱区権の許可であった。

しかし、台湾がガルフ社に開発を許可した鉱区は、既に日本政府が日本の石油開発会社に認可した区域と重複していたことから、日本は、台湾に対し抗議を行った。その後の１９７０年代中頃、米国は、日台間の紛争に巻き込まれた際、ガルフ社の保護を保障しないと通告したため、生産体制にあったガルフ社が撤退し、日台間の尖閣諸島の領有権を巡る紛争は沈静化した。

他方で中国は、１９７１年12月30日、沖縄返還協定の中で魚釣島などの島嶼を「返還区域」に組み入れているのは、「中国の主権に対する大っぴらな侵犯である」とする抗議声明を発表した。尖閣諸島は明時代に中国の海上防衛区域に含まれていた台湾の付属諸島であること、そして日本は日清戦争後に下関平和条約で尖閣諸島を搾取したことを理由に、日本が領有権を主張するのは「剥き出しの強盗の論理」であると主張したのであった。

中国による尖閣諸島領有主張の最大の弱点は、日本が１８９５年1月14日に尖閣諸島を領土編入した以前はもとより、それ以後もＣＣＯＰの報告まで約76年間にわたって何ら領有主張を行ってこなかった点にある。中国の領土に対する敏感な感覚を考えると、自国に不利な状況に対し76年間も抗議をしなかったことは、その状況を黙認し日本の領有を認めていたことと同じといえよう。ＣＣＯＰ報告書の直後に行われた中国の抗議の狙いは、尖閣諸島周辺海域および海底における石油資源や海底熱水鉱床等の天然資源の独占であり、同時に、中国人民解放軍海軍の太平洋方面に向けた通商ルートの確保という、中国共産党の政治戦略に適った安全保障上の理由が主たる目的であったことは明白なのである。

⑵ 李登輝元総統の喝破

台湾の李登輝元総統は、30年にも及んだ政治生活をリタイアした後、度々日本を訪問して関係者と意見交換するなど、日本と台湾の友好関係を深めるために尽力してきた。李元総統は、新渡戸稲造の『武士道』及び福沢諭吉の『学問のすゝめ』を引用し、精神的かつ理想的な生き方を追求する武士道は、日本人の「不言実行あるのみ」の美徳であり、「公に奉ずる」の精神であると喝破するとともに、「高い精神性と美を尚ぶ心」の混合体が日本の文化であり、自然との調和を生活の中に取り込んだものであると喝破していた。

このような李元総統は、2008年に沖縄を訪問した際に、沖縄の人々に対して日本文化の伝統を失わないよう、日本人の誇りを持って生きなさいと説いた。そして、尖閣諸島の問題について、「尖閣列島は間違いなく日本の領土」であると、次のように喝破した。

「戦前に日本統治時代には、琉球の漁民は尖閣列島近海で漁業をして生計を立てていた。取った魚は本土に持っていくよりも、基隆の方が近いので、そこで水揚げして消費していた。戦後、台湾と日本は別の国になり、尖閣列島の近海は日本の海となった。台湾も沖縄の人も心配しているが、尖閣列島はまちがいなく日本の領土。問題は漁業権だけ。昔どおり、そこで漁業をさせて欲しいというだけの話だ。私が総裁の時代、漁業権の解決のため、日本の農林水産省と交渉を始めた。現在の馬英九政権が主張している『尖閣列島は中華民国の領土』という主張とは全く違う。あれは漁業問題と関係なく政治的にやっているだけ。あまり神経質にならない方がいい」（廣瀬勝編『李登輝と九州』（集広舎、2020年10月））

日本は、第二次世界大戦以前に領有した尖閣諸島および新南群島について、領土編入に地番を付す措置をとっていた。すなわち、1895年に領土編入した尖閣諸島は沖縄県石垣市の地番、1938年に領土編入した新南群島は台湾県高雄市の地番をそれぞれ付して、その帰属を明確にしていた。換言すると、領土編入当初から尖閣諸島は今日も日本の領土であり、太平島をはじめとする新南群島は、今日の台湾領土なのである。李登輝元総統の発言は、正しい歴史認識に基づいたものであったことを理解しなければならない。

⑶ 高く評価される日台民間漁業取決め

日台間に尖閣問題について意見の相違があるなか、日本と台湾の有識者は、尖閣諸島の領有権に触れず、漁業資源の共同利用を推進する形で漁業取決めを締結し、尖閣諸島問題の鎮静化に成功した。日本は、尖閣諸島周辺の領海の認知という大義を取り、台湾は、同諸島周辺における漁業権の確保という実益を取り、李登輝元総裁が喝破した通りの決着を見たのであった。

台湾は、１９７０年代末に顕在化した尖閣諸島の領有権紛争との関連で、１９９６年に「釣魚台専案小組」を設置し、尖閣諸島の領土主権の堅持、平和的・合理的方法による問題解決、中国との共同対処の否定、漁民の権益保護優先の４項目の原則を定めた。台湾は、この第４項の原則に基づいて、日台双方が関心を寄せる漁業問題を協議するため、当時の民間窓口である交流協会と亜東関係協会が尽力し、１９９６年から日台漁業協議を計16回開催したという。この尽力は、２０１３年４月10日に「日台民間漁業取決め」として実を結んだ。

これより先、日中両国は、東シナ海における日中間の排他的経済水域の境界を確定できない

日台民間漁業取決め関係水域

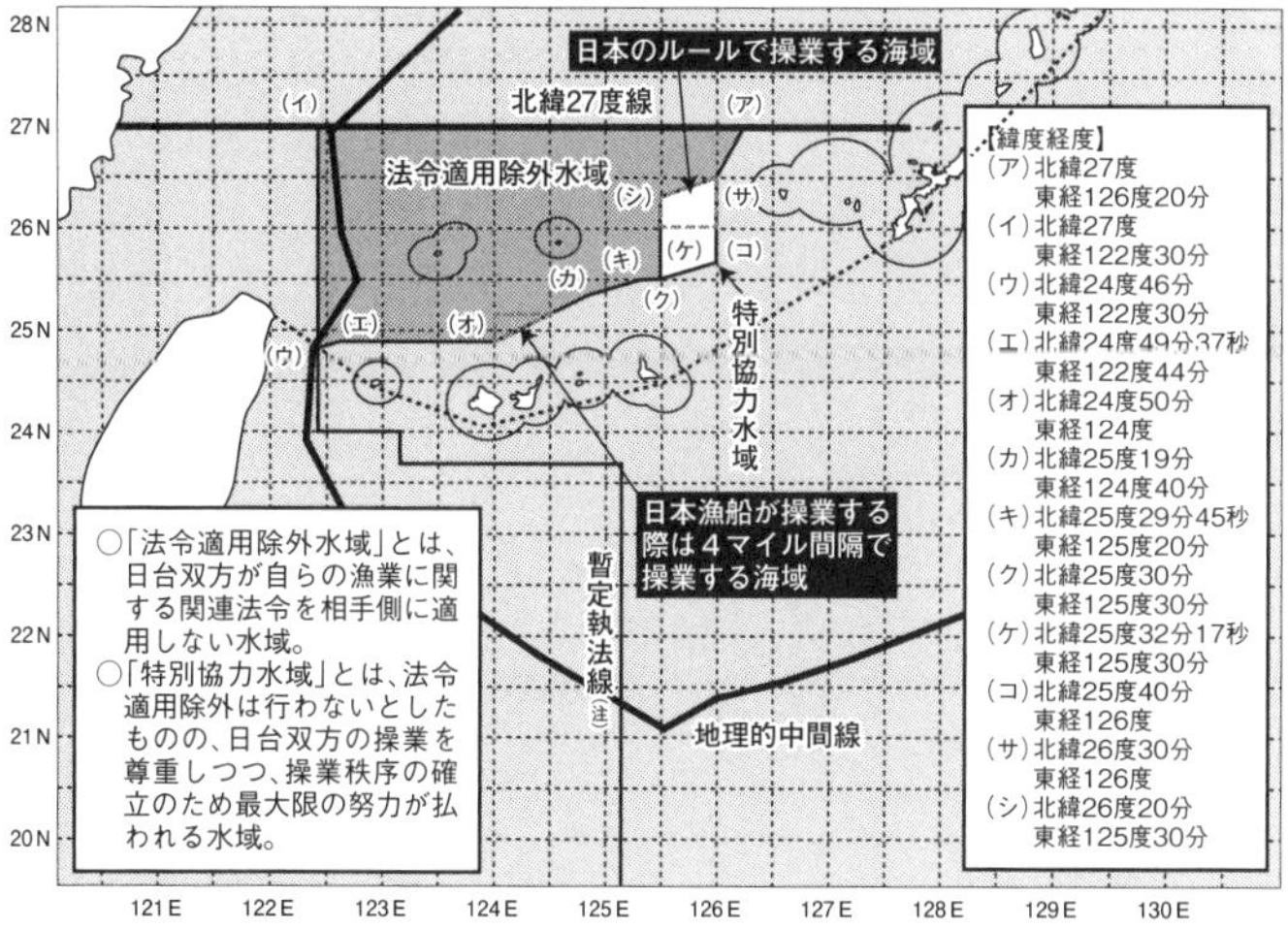

注：本概念図は、我が国として台湾の暫定執法線に関する主張を認めるものではない

出典：外務省中国・モンゴル第一課・第二課「最近の日台関係と台湾情勢」（2014年、6ページ）を筆者加工

ため、1997年に「日中漁業協定」を締結し、「暫定措置水域」「中間水域」「北緯27度以南の水域」を設置した。北緯27度以北の「暫定措置水域」では、日中両国は相手国の許可を得ることなく操業でき、それぞれ自国の漁船を取り締まり、相手国の漁船や国民を取り締まらないとした。「中間水域」は、漁業協定とは別に2000年2月の日中両国閣僚協議によって暫定措置水域と同様の制度のもとにおくこととされ、「北緯27度以南の水域」は例外水域とされた。

「日台民間漁業取決め」は、「日

中漁業協定」で例外水域とされた北緯27度以南の海域のうち、中間線の日本側排他的経済水域の一部に「法令適用除外水域」と「特別協力水域」を設定したのである。ちなみに、法令適用除外水域は、日台双方が自らの漁業に関する関係法令を相手側に適用しないで操業できる水域であり、特別協力水域は、北緯27度以北の水域は、日本漁船の操業方法で操業し、以南の水域は台湾漁船の操業方法で操業できるとした。

同取決めは、第1条で「この取決めは、東シナ海における平和及び安定を維持し、友好及び互恵協力を推進し、排他的経済水域の海洋資源の保存及び合理的な利用並びに操業秩序の維持を図ることを目的とする」と規定していることは、高く評価されるべきであろう。さらに同取決めによって尖閣諸島周辺の領海は実質的に日本の領海としたのであった。李登輝元総統の喝破した通りの結果をもたらした日台民間漁業取決めは、中国の海洋侵出に対する日台間の安全保障協力の構築という大事に向かっての第一歩となったといえよう。

5 おわりに——日台米間の安全保障協力の必要性

これまで述べてきたように、中国は、「中国の夢」を実現するために海洋強国の道を選択し、東シナ海における海洋侵出の対象を日本と台湾に置き、孫子の兵法を対外政策の基本にすえている。孫子は、その兵法書で「戦争においては、敵国を保全した状態で傷つけずに攻略するのが上策」であり、「実際に戦わずに、敵を屈服させるのが最善の策である」としており、中国は、前述したマハンと孫子の教えに基づいて海洋侵出を着々と進め、その先兵として中国海警局艦船が日本と台湾に対して強圧的に迫っている。

中国海警局が設置される前においても、中国政府公船が尖閣諸島周辺海域に出没して、接続水域や領海侵入することが常態化していた。この間、日本は海上保安庁巡視船の増強を進めてきたほかに、何ら効果的な対応をしてこなかったといえよう。中国海警法が施行されることにより、海警局艦船の侵入頻度が増加するとともに、活動が大胆になることが予想される。さらに、海上保安庁の巡視船が同海域から排除される事実が続けば、日本が同海域を中国の「管轄海域」と黙認していると見做され、これが既成事実化してしまう恐れがある。

米国民主党のバイデン新政権が誕生した直後、サキ米大統領報道官は、２０２１年1月25日の記者会見で、中国は米国の安全保障、繁栄、価値観に挑戦しており、新しいアプローチが必要だと述べた。また同時に、「戦略的忍耐（strategic patience）」をもって対応すると付け加えた。「戦略的忍耐」の文言は、オバマ政権が北朝鮮の核開発問題へ対応した際に使用され、結果的に北朝鮮の核開発を許した外交失策の前例を想起させた。

尖閣諸島のコントロールを企図する中国は、法律戦として中国海警法を策定し、法的根拠を得た中国海警局の艦船が、尖閣諸島周辺海域で海上保安庁巡視船を威嚇する事態の到来が予想される。また日本は、尖閣諸島の領有を堅持するため、海上保安庁法を改正し武器使用を認める決心、あるいは海上自衛隊による対処を決心することも予想されるが、このとき米国は、戦略的忍耐で対応し、尖閣諸島の領有を諦めるよう日本を説得する可能性が考えられる。これが杞憂であることを信じたいが、実際に生起する可能性もあり得るのである。

日本と台湾は、それぞれが領有する島嶼が海警局によって占拠、既成事実化されることを断じて許してはならない。中国の海警局と人民解放軍海軍を活用した海洋侵出は、平和愛好国である日本と台湾にとって安全保障上の共通の脅威であり、米国の軍事的な支援がなければこれに対抗できないと言わざるを得ない。日本と台湾は、益々大胆になる中国海警局艦船の行動を抑止し、これを武力紛争へと拡大させないために、軍事大国の米国を説得して理解を求め、可及的速やかに日台米間の安全保障協力体制を確立すべきであろう。具体的な対応策の構築までの時間的な余裕はないと覚悟しなければならない。

第4章

台湾の地政学的地位と中国の統一戦略

日本安全保障戦略研究所副理事長
元陸上自衛隊幹部学校長（陸将）
樋口譲次

樋口譲次（ひぐち・じょうじ）　1947年生まれ。長崎県出身。日本安全保障戦略研究所副理事長兼運営委員長、偕行社・安全保障研究委員会研究員、隊友会参与。元陸上自衛隊幹部学校長兼目黒駐屯地司令、元陸将、元日本製鋼所顧問。防衛大学校機械工学専攻、陸上自衛隊幹部学校指揮幕僚課程を卒業し、米陸軍指揮幕僚大学へ留学。その後、統合幕僚学校特別課程修了（1994年）。第2高射特科団長兼飯塚駐屯地司令、第7師団副師団長兼東千歳駐屯地司令、第6師団長を経て、陸上自衛隊幹部学校長兼目黒駐屯地司令（2001〜2003年）となる。共著に『近未来戦を決する「マルチドメイン作戦」』『中国の海洋侵出を抑え込む　日本の対中防衛戦略』（いずれも国書刊行会）、『「国防なき憲法」への警告』『中国の野望をくじく日本と台湾―独立したい台湾、統一したい中国、日本はどうする―』（いずれも内外出版）のほか、編著に『日本と中国、もし戦わば―中国の野望を阻止する「新・日本防衛論」―』（SB新書）がある。その他、雑誌「正論」、JAPAN BUSINESS PRESS、安全保障懇話会「安全保障を考える」、雑誌「偕行」などに論文多数を執筆。

1 米国が一貫して認識している「フォルモサの戦略的重要性」

米国は、共産主義中国（以下「共産中国」）との対決姿勢を一段と強めている。

トランプ政権下では、ペンス副大統領（当時）が2018年10月、ハドソン研究所で「第2次冷戦」宣言といわれる歴史的演説を行った。また、ポンペオ国務長官（当時）は、2020年7月にニクソン大統領図書館で「共産主義中国と自由世界の未来」と題する演説を行い、ペンス副大統領と同様に、共産中国との対決色を顕わにし、折しも、その脅威に直面し民主主義防衛の最前線に立つ台湾の地政学的地位と戦略的重要性を改めてクローズアップした。

約70年前の1950年1月、アチソン国務長官（当時）は、ワシントンD.C.のナショナル・プレス・クラブおいて米国のアジア政策について演説を行った。

同長官は、太平洋における対共産主義防衛線（不後退防衛線）として、アリューシャン列島～日本～沖縄（当時、米軍の施政権下）～フィリピンを結ぶ線を明示した。そのため、「アチソンライン」と呼ばれたその防衛線から韓国と台湾が除外されたと見なされ、朝鮮戦争（1950～1953年）の原因となったというのが定説になっている。

韓国はさて置き、果たして台湾は米国の防衛線から除外されたのであろうか。

その答えは、アチソン演説の根拠ともなった前年12月の「アジアに対する米国の立場（結論）」と題する国家安全保障会議（NSC）の大統領への極秘報告（NSC48／2）にある。

同報告は、台湾について「外交的および経済的手段を通じてフォルモサ（台湾）とペスカドーレス（澎湖諸島）に対する中国共産主義者の支配を否定するNSC37／22と37／53に定められた政策を継続すべきである」（3・G・（1）項）としていた。

また、統合参謀本部の意見（1948年8月22日のNSC37／7で再確認）を考慮して、フォルモサは米国にとって戦略的に重要であるが、「フォルモサの戦略的重要性は、あからさまな軍事行動を正当化しない。現在の軍事力と世界的な義務との間に格差がある限り、米国はフィリピン、琉球、日本に対する米国の地位を強化するためにあらゆる努力を払う」（3・G・（2）項）と記述していた。

米国は、明らかに台湾および澎湖諸島の戦略的重要性を確認し、外交的・経済的手段をもって中国共産主義者による支配を拒否するとしていた。

ただし、東西冷戦下の西側世界の盟主として世界的義務を果たすには米国の現有軍事力が不十分であるので、当時、（台湾で蔣介石が率いた国民党の）中華民国政府が主張していた大陸反攻などの軍事行動は正当化できないとの立場から、あえて米国の防衛線に台湾を含めなかったと解釈するのが妥当である。

その後米国は、「アリューシャン列島に連なる『鎖』―日本、韓国、琉球、台湾・澎湖諸島、フィリピン、東南アジアの一部の地域、及びオーストラリア、ニュージーランド―は、中国大陸を囲むようにしてつながっており、この『鎖』こそ、アメリカの考える太平洋地域の安全保障上不可欠なものである」(U.S. Department of State, Foreign Relations of the United States, 1952-54, P845)との基本方針を再確認した。

1979年1月の米中国交正常化に伴い、このときのカーター大統領は、北京の中華人民共和国との国交を樹立し、台湾の中華民国との国交を断絶した。1954年12月に調印された「米台(米華)相互防衛条約」は1980年1月に失効した。

しかし、米国政府及び議会は、東アジアの軍事バランスを維持してアジア太平洋の平和と安定を確保するためには、自由主義陣営の一角並びに地政学的要衝としての台湾の価値を再確認し、引き続き米台関係を重視する方針を表明し、国交断絶後、1979年4月には「台湾関係法」を制定(同年1月に遡及して施行)して現在に至っている。

つまり、米国は、台湾を米国の防衛線から除外したことは一度もないのである。

2020年12月、米議会の超党派諮問機関「米中経済安全保障調査委員会」は、中国情勢を巡る年次報告の中で、米国が台湾と経済を中心に関係を緊密化させ、中国に対抗する必要があると提言した。このような米台の歴史的経緯や米超党派の台湾重視姿勢を踏まえれば、バイデン政権になっても、米国の台湾政策には大きな変更はないと見てよかろう。

他方、日本にとっての台湾の重要性については、明治の初期、外務省顧問として登用した米国の元廈門《あもい》領事で極東情勢に精通していたチャールズ・リゼンドル（退役少将）の言葉に見事に集約されている。

彼は、「北は樺太から南は台湾にいたる一連の列島を領有して、支那大陸を半月形に包囲し、さらに朝鮮と満州に足場を持つにあらざれば、帝国（日本）の安全を保障し、東亜の時局を制御することはできぬ」（括弧は筆者）と建言した。以来、この地政学的な安全保障観が、明治以降の日本の外交および国防政策の基本となってきた。

以上の文脈に沿えば、台湾が、米国及び日本の安全保障・防衛にとって不可欠であることは論を俟たない。

そして、今また東西冷戦の危機に類似した状況が再来している。

台湾の呉釗燮《ごしょうしょう》外交部長（外相）は、2020年9月、台湾は「共産主義の中国に民主主義が乗っ取られないよう防衛する最前線に立っている」（仏テレビ局「フランス24」）と説明した。まさに、台湾の地政学的地位と共産中国の脅威に直面する今日的状況下の戦略的重要性を見事に言い表しているといえよう。

2 中国の台湾統一戦略「ハイブリッド戦」を仕掛け、不成功なら武力統一

(1) 独裁的権力を手中にした習近平国家主席と台湾統一

台湾は、国際社会では「地域」として扱われることが多い。しかし、台湾は、一定の領土と国民及び排他的な統治組織をもつ政治共同体であり、主権国家としての外交能力も備えている。他国と同様、完全に国家の条件を満たしており、国家と定義することに異論をはさむ余地はない。その上、民主主義が根付く台湾は、一度たりとも共産中国に支配されたことはないのである。

ポンペオ米国務長官（当時）は2020年11月の米ラジオ番組で、「台湾が中国の一部でないとの米国の立場は、レーガン政権時代から35年にもわたって続いている」と強調した。この発言に呼応して台湾外交部（外務省）の歐江安《おうじょあん》報道官は、「台湾は主権を持つ独立国であり、中国の一部ではない。これは事実であり、現在の状況だ」と述べた。

しかしながら中国は、「台湾は中国の一部であって、台湾問題は中国の国内問題である」との基本原則を主張して曲げず、「一つの中国」の原則は中台間の議論の前提であり、基礎であ

るとしている。

習近平国家主席は、2018年3月、全国人民代表大会（全人代）の憲法改正で終身国家主席の地位を手に入れた。中国共産党トップの総書記、人民解放軍トップの中央軍事委員会主席を兼務しており、いわば政府と党、軍を支配する「中国皇帝」として長期君臨の独裁体制を確立したことになる。

このように、習主席の独走・独裁を許すに至った背景については、様々な議論があるが、台湾問題が大きなウエイトを占めていると見られている。

中国の憲法は、その前文で「台湾は、中華人民共和国の神聖な領土の一部である。祖国統一の大業を成し遂げることは、台湾の同胞を含む全中国人民の神聖な責務である」と定めている。そして、中国は、台湾を「核心的利益」と呼び、平和的な統一を目指す努力は放棄しないと表明しつつも、中台統一に対する外国の干渉や台湾独立運動に対して反対する立場から、武力行使も辞さないことを定めた「反国家分裂法」を制定している。

それを盾に、習主席は、香港（1997年）とマカオ（1999年）の返還を成し遂げた今、最も困難な台湾問題を解決して祖国統一の大業を完成し「中華民族の偉大な復興」の夢を実現するには、強力な指導者に率いられた長期安定の政治体制が必要であると主張したとみられる。その反論の余地のない主張に対しては、共産党内の反対派である「上海閥」や「共青団」

も口を閉ざさざるを得なかった、というのが終身国家主席へ至った見立てだ。

それは取りも直さず、1953年6月生まれの習近平時代に台湾統一を成し遂げることを意味する。習主席は、かねて「我々は台湾の政治的解決を永遠には待てない」と明言している。もし、在任中に平和的統一が達成できないと見れば、武力統一も辞さない構えであり、台湾はもとより、日米などの周辺国・関係国に向けて、台湾危機が現実のものとして切迫しつつあることを示す重大な警告と見なければならない。

(2) ロシアのクリミア半島併合にヒントを得た習国家主席の台湾統一戦略

ロシアのプーチン大統領をロール・モデルとする習主席にとって、「あいまいハイブリッド戦」と呼ばれるプーチンのクリミア半島併合(2014年)は格好の教材である。習主席は、中国のシンクタンクにその研究を命じ、それによって、中国の台湾統一研究が劇的に変化したといわれている。

中国は、すでに、台湾に対し非軍事的手段をもって、いわゆる「グレーゾーンの戦い」を仕掛けており、外交工作、軍事工作、そして対国内工作などを複雑に絡ませながら、柿が熟して自然に落ちるのを待つ「熟柿作戦」を展開している。それが功を奏さないと見れば、最終手段として、軍事的手段による武力統一に打って出る手筈であることは、前述の通りである。

中国による台湾統一工作

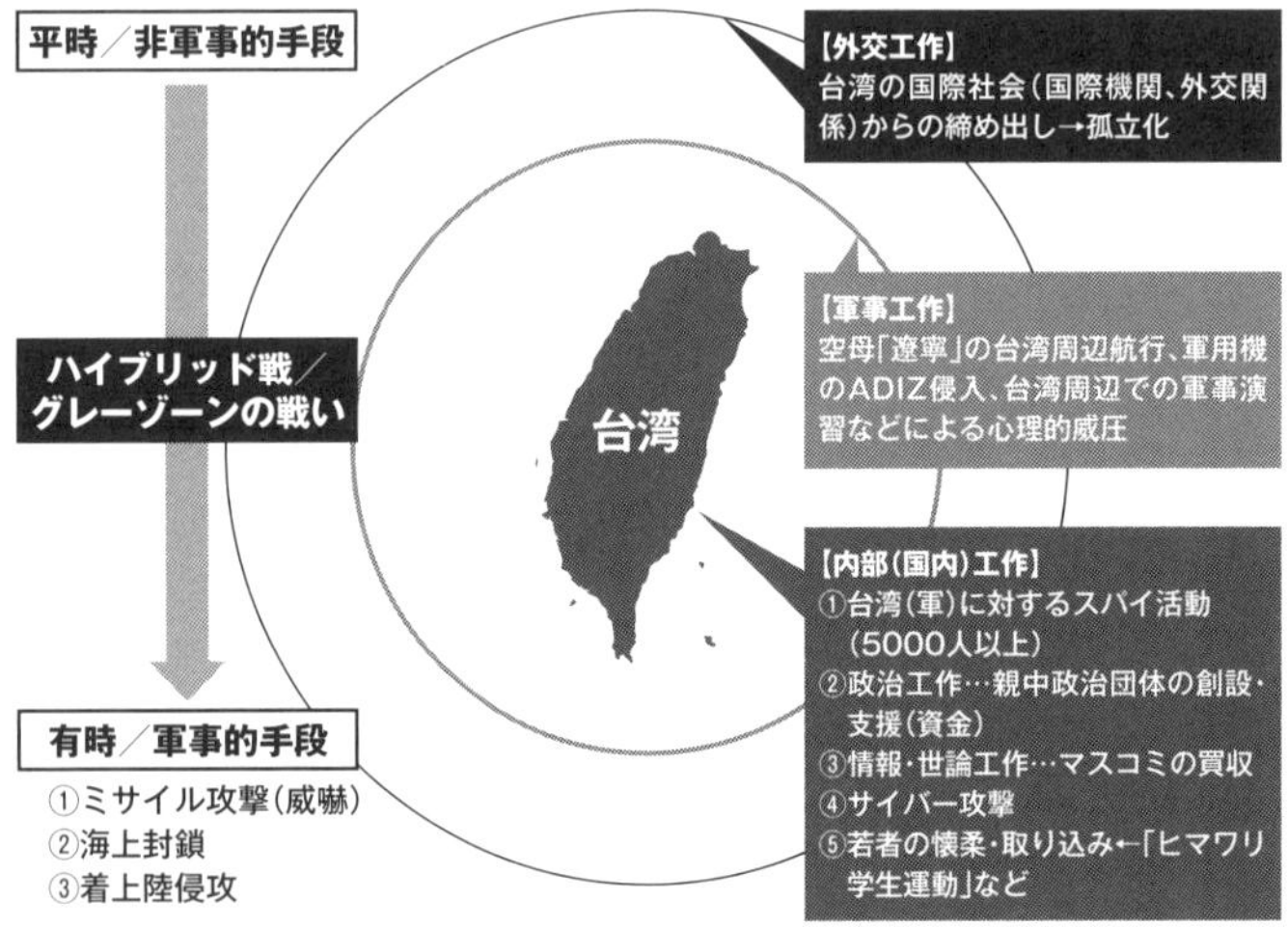

ア　外交工作：台湾の国際空間からの締め出し

中国は、台湾を国際機関から締め出し、また、その圧力で台湾と外交関係のある国々を断交に追いやっている。その目的は、中国が主張する「一つの中国」原則の受け入れを台湾に強要し、国際社会に認めさせるためである。

2003年に中国を発端とする重症急性呼吸器症候群（SARS）が近隣各国や北米にも伝播するという事件が起き、台湾でもSARSの流行が深刻な社会的混乱を招いた。それを契機として、台湾をWHO（世界保健機関）から排除することが、台湾だけではなく他国への脅威になり得ることを国際社会に認識させた。紆余曲折はあったが、台湾は、ようやく２００９年からＷＨＯ総会へのオブザーバー参加が認められるようになった。

しかし、中国は、「一つの中国」原則の受け入れを拒んでいる、民主進歩党（民進党）の蔡英文政権が発足した２０１６年５月前後から、国際社会に圧力をかけたため、２０１７年５月のＷＨＯ総会へのオブザーバー参加は認められなかった。

それればかりではない。経済協力開発機構（ＯＥＣＤ）の鉄鋼委員会、国連食糧農業機関（ＦＡＯ）漁業委員会、国際民間航空機関（ＩＣＡＯ）総会、国際刑事警察機構（ＩＣＰＯ）総会、国際放送協会からの台湾国際放送の排除（失敗）、東アジア・ユース・ゲームズなど、ありとあらゆる国際組織や会議への台湾不招待やボイコットを執拗に働きかけ、台湾の国際空間を閉塞させようとしている。最近では、中国が外国の民間航空会社に台湾を中国の一部として表記するよう強制したことも記憶に新しい。

一方、中国の圧力によって、台湾と外交関係のある国々が次々と断交に追いやられる「断交ドミノ」が急速に進んでいる。蔡英文政権発足当初、国交国は22か国あったが、西アフリカのサントメ・プリンシペとブルキナファソ、中南米のパナマ、ドミニカ共和国、エルサルバドル、そして大洋州のソロモン諸島とキリバスの7か国が台湾と国交を断絶し、中国と国交を樹立したため、現在15か国に減少している。いずれも大国の利害に大きな影響を及ぼさない小国であり、台湾の国際的悲哀を象徴している。

このままでは、台湾は「中国による台湾の国際的空間を圧縮する行為」が「やがて外交関係をゼロにする」との危機感を強めざるを得ない。また、現在、辛くも世界貿易機関（WTO）加盟（2002年）とWHO総会オブザーバー参加の地位を維持しているものの、今後中国による国際機関などからの締め出し圧力が一段と強まって、台湾の孤立・弱体化が進み、再び国民党政権時代のように中国の影響下に組み込まれる恐れが大いに懸念されるのである。

イ　軍事工作：台湾周辺海空域からの軍事的恫喝

尖閣諸島周辺をはじめ、わが国の周辺海空域で中国軍の活発な活動が常態化しているのと同じように、中国軍は台湾周辺海空域での活動を活発化させ、軍事力を背景とした威嚇行動を強めている。中国軍は、戦闘機（H-6、Su-35など）や空母遼寧を含む艦艇を、常態的に台湾本島を周回させている。

2019年3月には中国戦闘機による2011年以来となる台湾海峡「中間線」を越えた飛行が行われた。2020年2月になって中国機の「中間線」越え飛行はさらに増加し、中国機の防空識別圏（ADIZ）進入に対する台湾機の緊急発進回数が2019年の2倍を超えるペースになっている。

ここ2年間の中国軍の地域を跨いだ訓練ルート

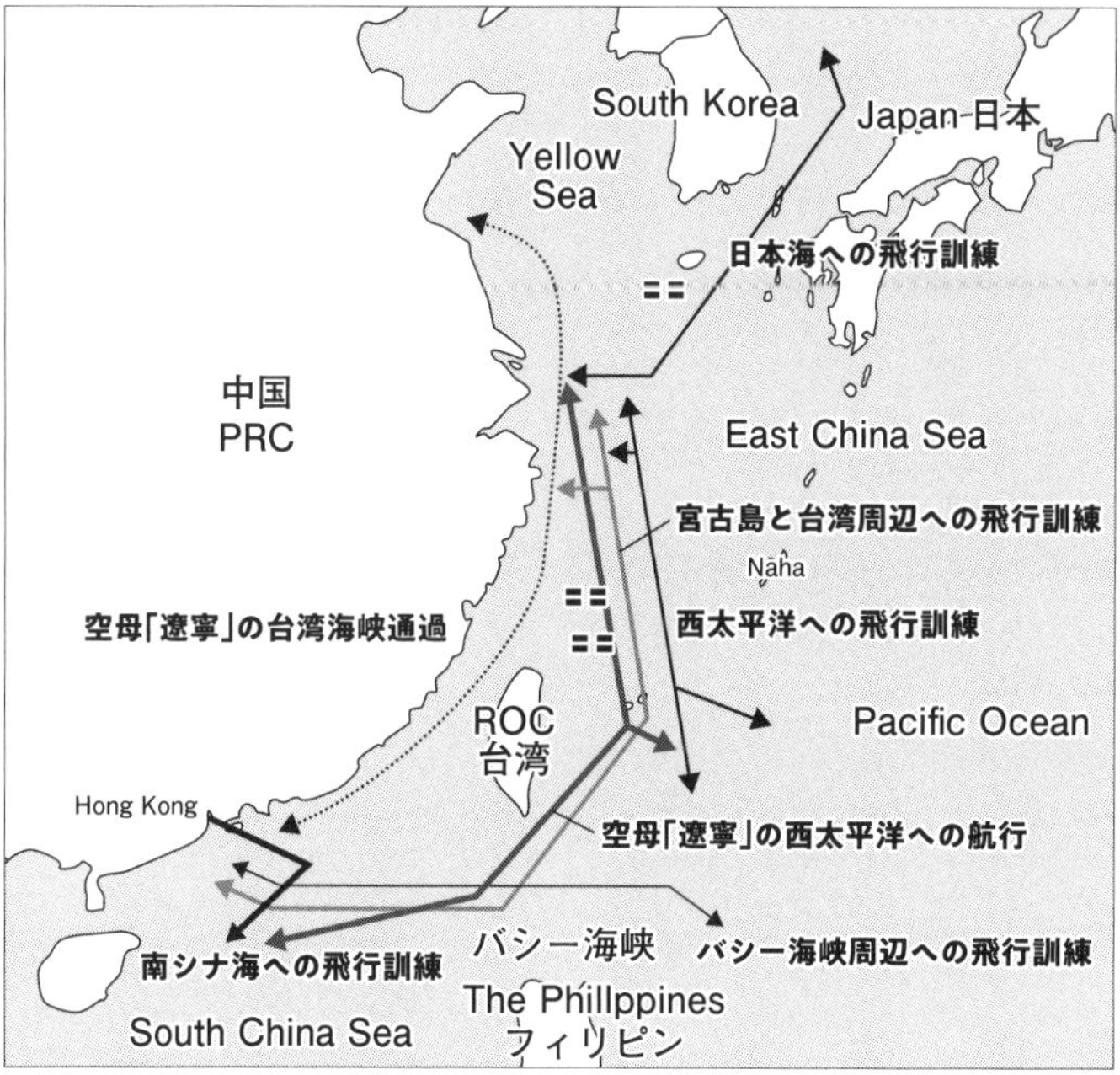

出典：台湾の「国防報告 2019」

台湾国防部（国防省）の報告書や台湾軍の発表によると、2020年10月初め現在、これまでの中国機に対する緊急発進回数は4100回超で、1日に換算すると平均22回で、2019年の2倍以上に当たる。海軍艦艇の出動回数は、2019年は1年間で6000回未満だったが、2020年はすでに7500回を超えているという。

さらに、台湾海峡で実弾演習を行うとともに、海空作戦や台湾侵攻を想定した大規模な着上陸作戦のための軍事演習・訓練を増加させており、台湾に対して一段と軍事的圧力を強めている。

また、中国は、ロシアから輸入した多目標同時交戦能力を持つ超長距離地対空ミサイルS‐400を、台湾海峡（最狭部130㎞）の前面に優先的に配備した模様だ。同ミサイルは400㎞先の空中目標の迎撃を想定しており、同海峡における台湾軍戦闘機の活動を封じ込める狙いがあるとみられている。

このように、近年、中国の台湾に対する軍事展開能力は格段に強化されている。それに伴う中国の軍事的圧力は、台湾初の総統直接選挙直前の1996年3月、台湾海峡で弾道ミサイル発射と3軍統合演習を行った威嚇的な軍事力の誇示と脅迫を想起させるものである。

中国の軍事恫喝は、台湾国民に「四面楚歌」の心理を植え付けるには十分であり、今後、その恐怖は強まることはあっても弱まることはないであろう。

ウ　対国内工作：台湾国内の混乱助長と抵抗意志の弱体化

習政権は、2015年5月に「中国共産党統一戦線工作条例（試行）」を制定し、海外における「統一戦線工作」を一段と強化している。その最大のターゲットは、香港やマカオとともに台湾であり、中国共産党中央統一戦線工作部を中心に、海外に居住している華僑や華人などの在外同胞に係わる業務を所管している国務院僑務弁公室や在外公館の現地外交官（事実上の工作員）や留学生、旅行者などが工作に加担しているとみられる。

統一戦線工作は、特定の団体や個人を丸めこんだり、協力関係を築いたり、場合によっては逆に非難や圧力・恫喝、攻撃を行い、重要な情報を収集し、対象国での影響力を高め、国際社会における中国共産党への支持を取り付けることなどが目標だ。

近年、台湾では、中国のスパイ活動が政治、経済、国防や情報、文化、イデオロギーなどあらゆる分野に浸透し、特に民進党政権となって以降、その活動が一段と強化されている。台湾で暗躍する中国のスパイの数は、５０００人以上とみられている。

蔡総統は、２０１９年1月に政府の捜査機関である法務部（法務省）調査局の式典で「昨年は（スパイ行為などの）国家安全に関わる事件計52件、１７４人を摘発した」と明らかにした。台湾の治安当局が、２０２０年10月に「国家情報工作法」などに違反した疑いで台湾軍の元将校３人を検挙したように、そのうちの約９割が軍事機関に集中している模様である。また、２０１９年11月、香港と台湾、オーストラリアで中国のスパイ活動に関わり、オーストラリアへの亡命を希望した男性が、２０１８年の台湾地方選と２０２０年の総統選への干渉工作を行ったと証言している。

このように、中国が水面下で狡猾に組織的なスパイ活動と利益誘導などを駆使して台湾政治体制の乗っ取りを企てている事態が明らかになっている。

一方、政界では、中国との統一を主張する政治団体「中華統一促進党」が中国当局から資金を得て、反「台湾独立」運動や民進党の蔡政権への抗議活動に人を動員していた疑いがもたれている。同党は、日本統治時代の台湾中南部で烏山頭ダム建設など農地改革に大きな功績のあった八田與一の銅像を破壊した反日団体としても知られており、中国は台湾を併合するために、政界をターゲットとして政治工作にも力を入れている。

さらに、2期8年にわたった民進党・陳水扁政権の後、国民党の馬英九が総統に就任した頃から、台湾のマスメディアの報道・言論空間のなかに中国の影響力が浸透するようになっている。

その浸透メカニズムは、日本台湾学会の川上桃子氏の論考「台湾マスメディアにおける中国の影響力の浸透メカニズム」によって明らかにされ、新聞やテレビにおいて、「中国を褒めたたえる報道」が増える一方、中国政府にマイナスとなるニュースを意図的に小さく扱ったり、無視したりする傾向が現れている。

また、中国とドラマ番組の商談を進めていた台湾のテレビ局が、中国側からの示唆を受けて中国に批判的なトークショー番組を打ち切るといった事案が起きており、台湾統一を国家目標として掲げる中国の情報戦・世論工作が、マスメディアを通じて日々台湾社会に浸透し、ボディーブローのように効いていくことになろう。

これと関連して、台湾交通部（交通省）は2016年5月、立法院で、「中国からのサイバー攻撃が『戦争に準じる程度』まで深刻化している」と報告したように、中国の台湾に対するサイバー攻撃も常態化している。

また中国は、台湾の若者の懐柔・取り込みに躍起になっている。それは、2014年春、学生を中心に若者たちが立ち上がった「ひまわり学生運動」が台湾人意識を高め、また近年、台湾では「天然独」と呼ばれる、「生まれつき自分たちは台湾人であり、中国人ではない」との台湾アイデンティティーをもつ若者たちが増えているからである。

中国は、このような若者に対して、中国大陸におけるビジネス展開、就業、起業、税制等の面における「甘い蜜の罠」の優遇策を提案している。

このように、様々な懐柔策を駆使して、台湾アイデンティティーを弱めようとする中国の浸透工作は、台湾に新たな課題を投げかけている。

以上述べたように、中国は、硬軟両様の外交工作、軍事工作、そして対国内工作などを複雑に絡ませながら、台湾国内を混乱させ、「台湾独立」の動きを封じ込め、中国に対する抵抗意志を弱め、戦わずして台湾統一を成し遂げようと目論む「統一戦線工作」あるいは「グレーゾーンの戦い」を執拗に展開している。

そして、和戦両様を常套手段とする中国は、次の手段として武力統一を着々と準備しているのである。

エ　武力統一：最終手段としての軍事侵攻

中国は、台湾への軍事侵攻を念頭に、継続的に高い水準で国防費を増加させ、軍改革、統合作戦、武器開発、軍事演習・訓練などを通じて大幅に軍事力を増強している。

一方、台湾の国防費は約20年間ほぼ横ばいで、2020年度の中国の公表国防費は台湾の約16倍となっており、蔡総統は国防予算を増額するよう指示した。

明らかに、中台間の軍事バランスは中国有利に傾いており、台湾の「2019国防報告」は、「中国は台湾海峡での軍事不均衡を激化させており、台湾の国防安全保障に対して重大な脅威」との認識を示している。

日本の令和3年版「防衛白書」は、中台の軍事力の一般的な特徴について、次のように分析している。

①陸軍力（海軍陸戦隊を含む）については、中国が圧倒的な兵力を有しているものの、台湾本島への着上陸侵攻能力は現時点では限定的である。しかし、近年、中国は大型揚陸艦の建造など着上陸侵攻能力を着実に向上させている。（括弧は筆者）

②海・空軍力については、中国が量的に圧倒するのみならず、台湾が優位であった質的な面においても、近年、中国の海・空軍力が急速に強化されている。こうした中で台湾は、ステルスコルベットなどの非対称戦力の整備に注力している。
③ミサイル攻撃力については、台湾は、ＰＡＣ－２のＰＡＣ－３への改修及びＰＡＣ－３の新規導入を進めるなど弾道ミサイル防衛を強化している。しかし、中国は台湾を射程に収める短距離弾道ミサイルなどを多数保有しており、台湾には有効な対処手段が乏しいとみられる。

そのミサイル戦力について、米国防省「中華人民共和国の軍事及び安全保障の進展に関する年次報告」（２０１９年５月）は、台湾の全部または一部を射程に収めるとみられる７５０～１５００発の短距離弾道ミサイルなどを保有していると分析している。

台湾国防部は、２０２０年９月に発表した最新の中国の軍事力に関する年次報告書で、「中国の軍事力は拡大しているが、全面的に台湾を侵攻する作戦能力はなお備わっていない」との認識を示した。

しかし、呉外交部長は、対中戦争について「台湾に対する中国の脅し方を見れば、現実的な可能性がある」と指摘して中国の脅威の高まりに一段と警戒を強めている。

それを裏付けるように、習主席は、2020年10月に、台湾への着上陸侵攻作戦を担うことになる海軍陸戦隊（海兵隊）を視察し、現在策定中の第14次5か年計画（2021〜2025年）による戦力向上を訴え、「戦争への備えに全身全霊を注ぐ」よう部隊に求めた。

3 迫る台湾危機に日本はどうすればよいのか ——日米台「トライアッド」の構築を急げ

台湾の故李登輝元総統は、産経新聞（2019年1月4日付）のインタビュー（聞き手は河崎眞澄）で「仮に台湾が中国の手に落ちれば、日米にとっては喉元にナイフを突きつけられる状態になる」と指摘した。その指摘の通り、万一、台湾が中国に占領された場合、米国は、主として第1列島線に沿った前方展開戦略の極めて重要な一角を喪失して東アジアからの撤退を余儀なくされよう。

また、日本は、西の東シナ海方向からだけではなく、南の台湾、さらには東の太平洋側からも軍事的脅威を受け、わが国の防衛は極めて困難な局面に陥ることになろう。台湾問題の行方は、日本・米国にとっても、また東アジア地域にとっても極めて深刻かつ死活的である。

そのため、米国は、中台間の軍事的バランスが崩れ、台湾海峡の緊張が高まることを危険視し、トランプ政権になって、「台湾関係法」を基本に、「台湾旅行法」（２０１８年3月）や「アジア再保証イニシアティブ法（ＡＲＩＡ）」（２０１８年12月）などを制定し、台湾への大規模な武器売却を進めている。

また、２０２０年にアザー厚生長官（当時）やクラック国務次官（当時）など政府高官が台湾を訪問するなど、安全保障・防衛や貿易・ハイテク技術、医療、そして共通の価値観である自由や民主主義、人権、法の支配といった観点での米台関係の重要性を再確認しつつ関係強化に注力している。

中国の習主席は、２０１９年1月2日の演説で、改めて台湾への武力行使を辞さない構えを示した。これに対し、台湾の蔡総統は同月５日、総統府で海外メディアと会見し、「防衛力の構築が重要政策の中でも最優先だ」と強調するとともに、「台湾の防衛力強化に協力してくれるすべての国とともに努力したい」と述べ、米国だけでなく日本との安全保障協力にも期待をにじませた。

では、台湾と死活的利益を共有する「運命共同体」の関係にあり、その期待に呼応すべき日本は、どうすればよいのか。

まず、わが国は、米国と同様に、日台関係強化の基礎となる「台湾関係法」や「台湾旅行法」のような法律を整備しなければならないとの意見があり、大きな政治的課題となっている。しかし、法案名に台湾が入ることによって中国が強く反発し法案成立そのものが危ぶまれる恐れがあるため、台湾を地域として組み込んだ「国際交流基本法」のような名称の法案としてその実現を目指す工夫が必要であろう。

他方、安倍晋三政権下で、平和安全法制が制定され、日台関係の強化に向けた進展が図られたといってよかろう。

平和安全法制では、「存立危機事態」や「重要影響事態」について規定され、その事態が認定されれば、台湾有事をカバーできると解釈することができ、また、そのような事態に日米が共同して対処することを、日米防衛協力のための指針（ガイドライン）は裏付けている。

しかし、このような法的整備ができても、日米台の3か国による平時からの協議、政策面及び運用面の調整、そして共同演習・訓練などが行われなければ、有事における有効な機能発揮を期待することはできない。

一方、いきなり有事演習・訓練を始めれば、中国の激しい非難や抵抗を受けることは容易に察しがつこう。

そこで、日台の2か国（ダイアッド）間では、中国も容認せざるを得ない平和目的や不測事態発生防止のための活動や措置、例えば、国際災害派遣、非戦闘員を退避させるための活動、サイバー空間に関する協力、捜索・救難、海洋安全保障（海洋状況把握：ＭＤＡなど）、空域管理のための調整、情報共有体制や海空連絡メカニズム（ホットライン）の構築など、実行可能なことから始めたらどうか。

そして、米国が主導する台湾政府高官・軍高級幹部との交流プログラム、軍事演習への台湾軍の招聘、西太平洋における台湾海軍との2国間海上訓練などに、日米同盟の立場から日本も参加すれば、それが日米台3か国防衛協力（トライアッド）の枠組み作りの大事な一歩となり、日米台の安全保障・防衛協力を促進する現実的かつ実効的なアプローチにつながるのではなかろうか。

第5章

米国インド太平洋軍の台湾防衛

――議会報告にみる作戦構想――

日本安全保障戦略研究所上席研究員
元空将
小野田治

小野田治（おのだ・おさむ）　1954年生まれ。日本安全保障戦略研究所上席研究員。1977年、防衛大学校を卒業後、航空自衛隊に入隊。2001年、航空幕僚監部防衛部防衛課長。2002年、第3補給処長、2004年、第7航空団司令兼百里基地司令。2006年、航空幕僚監部人事教育部長。2008年、西部航空方面隊司令官。2010年、航空教育集団司令官。2012年7月、勧奨退職。元空将。2012年10月、東芝に入社（現在「東芝インフラシステムズ株式会社」）。2013年～2015年、ハーバード大学アジアセンター上席研究員。東芝インフラシステムズ株式会社顧問、（特非）言論NPO客員研究員、日本戦略研究フォーラム政策提言委員、日米エアフォース友好協会顧問。専門は、米国、中国及び日本の安全保障・軍事戦略。『習近平の「三戦」を暴く!!』（海竜社、2017年、共著）、『日本防衛変革のための75の提案』（月刊『世界と日本』、2018年、共著）、『台湾有事と日本の安全保障』（ワニブックスPLUS新書、2020年、共著）などのほか、論文も多数。

1 はじめに

2020年3月、米空母セオドア・ルーズベルトは、新型コロナウイルスの艦内パンデミックにより任務を中止して急遽グアム島に寄港した。米空母11隻のうち8隻は整備中や訓練中、2隻はアラビア海で作戦に従事中であり、インド太平洋には空母が不在となった。空白に乗ずるかのように、空母遼寧を含む合計6隻の中国艦隊が、宮古海峡を南下し、バシー海峡を通って台湾南西で演習を行った。武漢市が封鎖された2月上旬、中国東部戦区の海空軍は、台湾本島の南東沖で統合訓練を実施していた（★1）。さらには、4月から7月にかけても渤海周辺で長期間の演習を行った。南部戦区は南シナ海で訓練演習を繰り返した。これらの動きは、5月20日の蔡英文総統の2期目の就任式典に合わせた「力の誇示」だとみられる。米軍は、強襲揚陸艦、巡洋艦、駆逐艦などを南シナ海に派遣して空母不在を埋めた。

このとき頭に浮かんだのは1995～1996年の第3次台湾海峡危機だ。台湾初の民主的な総統選を前に、中国は台湾近海にミサイルを撃ち込んで独立を牽制した。米国は中国の武力侵攻を警戒して2個空母打撃群を台湾海峡に急派した。米国の圧倒的な力の前に中国は挑発行動を中止した。ところが今回の様子は当時とはいささか異なる。米軍の活動に対抗して積極的な行動に出たのだ。人民解放軍は、艦艇だけでなく、両岸の中間線を越える戦闘機などのフライトを繰り返し、その数は昨年過去最多を記録した。

第3次台湾海峡危機から20年余、中国は海軍を大増強して遠洋での作戦が可能な艦隊を作り上げ、精密ミサイル攻撃によって米軍の接近を拒否し近海での活動を許さぬ、「接近拒否／領域拒否（A2／AD）」体制を構築してきた。現在繰り広げられている光景は、米軍の軍事的圧力には屈しない中国の姿勢と自信を表している。

本稿は、強大化する軍事力を背景に強圧的行動を繰り返す中国に対して米国はどのように対応するのか、特に近年危惧されている台湾への武力侵攻にどのように対処するのか。米インド太平洋軍の戦略報告を中心に分析するものである。

2 米軍のA2／ADへの対応

中国のA2／ADに対して、米海空軍は2010年に「エアシーバトル構想（ASB）」（★2）を生み出した。中国の長距離精密ミサイル脅威に対して、空母打撃群や在日米軍の打撃力を保全しつつ、ステルス機や潜水艦などによってA2／AD網を突破し、中国本土の監視、指揮統制ネットワークを無力化して精密ミサイル攻撃に必要な「目」「神経」「頭脳」を機能不全に陥れ、敵の策源地深くに打撃を加えてA2／ADを無力化する。2012年にはこの構想をもとに、「統合運用アクセス構想（JOAC）」（★3）が策定された。

構想の中心は、「作戦領域間の相乗作用」（★4）である。各軍種が5つの作戦領域（★5）で統合して活動することにより、優位にある作戦領域の成果を他の領域に活用して、相乗効果を狙うものだ。そして2016年には「国際公共財へのアクセスと機動に関する統合構想（JAM‐GC）」（★6）が策定された。JAM‐GCは、A2／ADを克服して自由なアクセスを確保するJOACを実現するために必要な能力を具体化した。

各軍種は、統合構想に基づいてそれぞれの運用構想と必要な能力の整備に努めてきた。2018年1月の米国防戦略（NDS2018）が対テロから大国間競争へと転換したことに伴って、中国、ロシアと戦って勝てる作戦構想や運用構想の策定を急ぐ必要があったからである。NDS2018では、修正主義勢力が力の空白を利用し、強圧的な行動により既存の秩序を変更して既成事実化を図ろうとしていると指摘する。これを抑止するには、平時の「競争」環境下から紛争に至るまで、力の空白を防ぎ敵の脅威下でも戦力を発揮できるような作戦構想が必要である。

中国の軍事力がますます強大化し緊張が高まるなか、特に台湾への軍事的圧力は厳しさを増し、中国が武力行使に出るのではないかと危惧する専門家が多い。精密ミサイル攻撃の脅威を避けて戦力を脅威圏外に出せば、戦力の空白が生じて現状変更、既成事実化の機会を与える。平時には敵の脅威圏内で活動し、有事には「戦って勝つ」方法とは何か。こうした疑問に対して、国防総省は2019年7月に「インド太平洋戦略報告」(★7)、2020年4月にはインド太平洋軍が「優位性を取り戻す」(★8)という報告書(以下、「報告書」)を議会に提出するとともにその要約を公表した。

3 インド太平洋戦略報告

NDS2018の策定を受けて、2019米会計年度(2018年10月~2019年9月)の国防権限法(NDAA2019)(★9)は、国防省にインド太平洋地域の戦略について報告を求め、国防省は2019年6月にインド太平洋戦略報告を議会に提出した。

報告では第1に、競争相手は米国や同盟国の隙を見て素早く既成事実を変更しようとしており、その兆候を事前に探知し、迅速に対処し得る即応体制を築く必要があると指摘する。日本と韓国に大半が集中する前方展開戦力を、南アジア、東南アジア、オセアニアに分散配備して、地域全域に迅速に戦力を指向すべきだという。特に必要なのは、海軍、海兵隊、空軍の機動用の基地、非正規戦に対処する特殊部隊の機動力、対潜水艦能力、サイバー及び宇宙担当チームの編成、地域に適合したISR能力である。

第2に、体制整備には同盟国やパートナー国との協力が欠かせない。必要に応じた米軍の展開や、後方拠点の確保、事前集積に関する協力が必要である。日本、韓国、豪州、タイとの関係を骨幹に、グアムを含む北マリアナ諸島は中核的な根拠基地であり、弾薬、燃料等の補給に関しても重要な拠点であるという。

第3に、2国間の協力関係を、目的に応じた多国間の協力枠組みに発展させることが必要である。ASEANとの協力は、能力構築から演習までいっそうの緊密化が必要である。日米豪印によるいわゆる「クアッド（Quad）」は、地域の安定に寄与する協力関係だとしている。

そして取り組むべき課題として、①統合戦力の殺傷能力向上、②戦力設計及び編成、③同盟及びパートナーとの関係強化、④演習、実験及びイノベーション・プログラムという4項目が提起された。

4 報告書「優位性を取り戻す」

インド太平洋戦略報告に続く翌年のNDAA2020は、インド太平洋軍に対して、担任区域における競争戦略実行のために、2022〜2026年の会計年度の間に必要な諸活動とリソースに関する要求事項を検討して議会報告するよう求め、２０２０年４月、インド太平洋軍の報告書「優位性を取り戻す」の要約版が公表された（本文は非公開）。

広大な海洋を担任するインド太平洋軍の焦点は、各国が共有する国際公共財へのアクセスとそのなかでの自由な移動を確保することであり、これによって第１列島線上の同盟国に対する攻撃や強圧的な行動を抑止することだと報告書は指摘する。力によって目的を遂げることが簡単ではないと敵に信じさせるために、敵の奇襲を防止するとともに、敵に現状変更の隙を与えぬために、機敏に作戦を遂行可能な、分散した弾力性の高い戦力配備をとる。第１列島線上に統合戦力として破壊力の高い精密打撃ネットワーク、特に地上配備の対艦、対地打撃能力を重層的に構築して敵のＡ２／ＡＤ網を撃破する。その後方を支える第２列島線には、統合航空ミサイル防衛（ＩＡＭＤ）能力を構築して敵の攻撃を無力化する。海軍、海兵隊は、「分散海洋作戦（ＤＭＯ）」「前進基地作戦（ＥＡＢＯ）」という構想によって、広域に分散した戦力を要時要域に集中発揮する考えだ。空母打撃群のような密集した大きな艦隊は、優勢な敵の火力や妨害などに対して脆弱である。個々の艦艇の攻撃力を充実させて広域に分散させれば、敵の作戦は複雑なものになり、戦闘ユニット間の協調に齟齬をきたしたり、戦力の空白が生じたりする。その間隙、すなわち「優位性の窓」（★10）を有効に活用して、分散した戦力配置から敵の脆弱点に火力を集中する。

海兵隊のＥＡＢＯは小規模の部隊を島嶼などに機敏に機動し、隠密裏に対艦ミサイルなどの火力を発揮する構想である。「高脅威下での沿岸作戦（ＬＯＣＥ）」は、海上優勢の獲得維持を目的に敵の海洋兵力を打撃目標とする。人民解放軍の弾道ミサイルは車両搭載型で機動力に富むことから、艦艇や潜水艦を打撃するほうが、海上優勢獲得が可能だという考えである。米戦略予算評価センターのトシ・ヨシハラ研究員は、「北京が艦隊を失った場合、政権の安定と生存さえも危うくなることは、過去の権威主義国の歴史が示している」と指摘する（★11）。「1905年にロシアが大日本帝国に屈辱的な敗北を喫したことで、革命が勢いを増し政治的・社会的混乱を引き起こした。1982年にはフォークランド紛争でイギリスに惨敗したアルゼンチン軍事政権は、民衆の反政府運動に直面し政権の危機に見舞われた。政治権力の独占に執着している中国共産党が、このような歴史の教訓を認識していないとは考えられない」という。

空軍の「機動的戦力展開（ＡＣＥ）」（★12）は小規模の編成と敏捷な機動により、敵の攻撃を回避して任務を遂行する運用構想である。これを可能にするのは、宇宙、サイバーを含むマルチドメインのセンサー、ＩＳＲと指揮統制のネットワークである。敵の動きに機敏に対処するには前方の作戦根拠が不可欠で、グアムの防空は最重要事項だと報告書は強調する。

陸軍は、統合軍の一部として「マルチドメイン作戦（ＭＤＯ）」を行う。敵のＡ２／ＡＤ脅威圏内に侵入して敵の統合を崩壊させ、機動の自由を獲得して戦略目標を達成した後、有利な条件で平時に戻るとし、有事とともに平時の大国間競争を重視している。パートナー国に対する圧力、非正規戦、情報戦に対抗し、積極的にパートナー国に関与する。その目的は、事態の拡大を抑止し、敵の試みを打破し、武力紛争に移行する条件を整えることだと指摘する。武力紛争事態では、敵の長射程システムを無力化し、迅速に機動して敵のA2／ADシステムの脅威圏内に侵攻する。

報告書は結論部分で、インド太平洋における軍事バランスは好ましくない方向に変化しており、米国にとって通常抑止が棄損しつつあることが最大の危険だと指摘する。上院軍事委員会委員長のジム・ホンハーフ議員は、２０２１年度予算で「太平洋抑止イニシアティブ（ＰＤＩ）」（★13）という特別枠を設定すると言明した。その目的は第1に、インド太平洋における米国の優先事項を実現する選択肢の可視性を高めること、第2に、統合的な観点で任務遂行に必要な事項を可視化すること、第3に、地域諸国に対する米国のコミットメントを示すこと、そして第4に、中国共産党に対して、迅速で簡単で安価な勝利があり得ないことを納得させることだという（★14）。

5 台湾防衛とインド太平洋軍の作戦構想

ここまでインド太平洋軍の全般的な作戦構想を分析してきた。具体的な各種事態対処の作戦計画は非公開でその詳細は知り得ないが、起こり得る台湾有事のシナリオを想定し、米軍がどのように対処するのか考えてみたい。

(1) 中国の台湾統一シナリオ

中国による台湾統一の方法論については様々な論文、書籍が発表されており、その多くは、武力による統一のシナリオを中心に述べている。軍事力増強に成果を上げているとはいえ、現在の中国が台湾を武力侵攻するために米国との全面戦争を戦う意図も能力も持ち合わせてはいないと考えられる。武力を使うのであれば、米軍の介入を避けることが前提条件となるだろう。

選択肢の1つは米国に介入の隙を与えずに既成事実を作ることである。2014年に太平洋艦隊情報副部長のジェームズ・ファネル大佐（当時）は、人民解放軍の当時の訓練、演習の態様から、台湾侵攻作戦は、「短期激烈戦—Short, Sharp War」になるだろうと語って波紋を呼んだ。別の選択肢としては、軍事と非軍事の境目で米国が軍事介入しづらい状況を作りつつ台湾政府の無力化を図ることが考えられる。ロシアはクリミアを併合する際に、クリミア内の親ロシア勢力を蜂起させて秘密裏にこれを支援することによって他国からの介入を避けて目的を達成した。この際に、サイバー攻撃を用いて相手政府や公共機関などを機能不全に陥れたり、公共の電波に電子的な妨害をかけたり、フェイクニュースを流布したりして政府や国民の情報空間に混乱を与える手段が併用された。筆者も同様の観点から、2020年2月に出版した『台湾有事と日本の安全保障』（共著）において武力行使によらない選択肢を検討した。

武力を使いながら、米国をはじめ諸外国の介入を避けるには、台湾政府及び主要都市の統治システムを素早く崩壊させ、新たな統治体制を国際社会に向けて発信することだ。抵抗する勢力が残っていても、これを非合法化してしまえば、米国といえども介入は難しくなるだろう。中国が短期決戦を仕掛けるとすれば、あらかじめ台湾国内に反乱勢力を育成して、大陸側と結託して内戦化することが合理的だ。香港の「一国二制度」を崩壊させて共産党統治を浸透させた事例は、まさにこのような戦術を体現したものといえる。

人民解放軍が米国に対する全面戦争を想定して能力向上を目指すのは当然だが、共産党政権は台湾が内側から主体的に中国の統治下に入るように両岸の経済、文化、教育の一体化を図ってきた。国民党の馬政権（2008~2016年）は大陸との経済関係を接近させ両岸の経済、文化、技術面での交流を拡大した。中国は台湾企業、学生、技術者、旅行者などに対して各種の優遇措置を設け両岸の交流は拡大した。

しかし大陸との接近に警戒感を覚えた若者が「ひまわり学生運動」を展開して大陸との接近にブレーキがかかり、国民党政権から民進党の蔡英文政権への転換に結びついた。民進党政権は香港の事例を教訓に、大陸の浸透に対抗する具体的な法制を整備しつつある。馬政権でうまくいきかけた両岸交流の促進による平和的な台湾併合が頓挫したことから、習近平政権が武力によって統一を図ろうとするのではないかという懸念が深まりつつある。冒頭に述べたように、台湾周辺での軍事演習の増加、台湾海峡付近での中国海空軍の活動の活発化が、第3次台湾海峡危機を彷彿とさせる状況だからだ。

(2) 台湾の対中侵攻に対する防衛構想

2017年12月、蔡政権は「国防報告」を発表した。従来、「水際決勝」と称して侵攻する敵を海岸で撃破する構想だったが、「戦力防護」（敵の攻撃から戦力を防護し保全する）、「沿岸決勝」（台湾近海で敵艦艇を撃破する）、「水際殲滅」（着上陸する敵を殲滅する）という3段階の防衛構想に変更した。その背景には軍事技術の変化とともに、人民解放軍が急速な発展を遂げて台湾軍事力をはるかに凌ぐ実力を整備していることがある。

２年後の２０１９年９月の「国防報告」では、統合戦力の発揮によって重層的な抑止を図るとし、「戦力防護」「濱海決勝」（近海に接近する敵の艦艇を撃破）、「灘岸殲敵」（海岸で着上陸する敵を殲滅）の３段階構想が踏襲されている。台湾は中央部に峻険な山岳地帯があり、これを利用して沿岸部から山岳部に縦深的に戦力を配置するとともに、自然の地形を利用して敵の攻撃から戦力を防護する施設が整備されている。例年行われる「漢光演習」では、高速道路が軍用機の機動飛行場として使用されるほか、首都圏では地下鉄構内への市民の避難や陸軍の都市への展開訓練が行われている。興味深いのは、海軍、空軍ともに「戦力防護」のために台湾各地や近海に分散する計画に対して、陸軍は主要都市に展開して市民を守りつつ政府機能を警護する役割を担うことだ。都市に分散すればミサイル攻撃などを受けにくいと考えている。海空軍は、自らを防護しつつ接近する敵戦力を撃破することが任務だが、陸軍は「灘岸殲敵」とともに、反乱勢力と戦って政府の統治能力を守ることが主任務だからである。

(3) 米国の台湾支援政策

オバマ政権（２００９～２０１７年）は、第１期には関与政策を基本とした対中外交を展開した。中国が国際社会における責任あるステークホルダーとしてその役割を果たすことに期待したが、習政権は急速な経済成長を背景に軍事力を強化し、力を背景とした強圧的な姿勢を展開した。こうした情勢を背景に、政権2期目には中国とのパワーバランスを「リバランス」する政策に転換した。しかし、政権期間中に実質的な戦力バランスの回復や、「航行の自由作戦」などのプレゼンス強化、台湾に対する武器供与などの具体策は実現しなかった。

トランプ政権は、オバマ政権の対中政策が消極的、宥和的だったと批判して、外交、安全保障政策を転換した。2016年12月には、「『1つの中国』政策については十分に理解しているが、中国と貿易などについて合意でもしない限り、なぜ堅持する必要があるのかわからない」(★15)といい、台湾政策を対中交渉の梃子《てこ》にする意図を見せた。

2018年3月には「台湾旅行法」が成立し、あらゆるレベルの米台当局者の相互訪問や意志疎通を進めることが法制化された。2018年6月には在台湾アメリカ協会(AIT)事務所の警護に海兵隊員を常駐させることが発表された。2018年12月、議会はアジア再保障イニシアティブ法(ARIA)を制定した。同法は、米国のアジア地域へのコミットメントを再確認する法律であり、台湾関係では米台の基本的な事項、すなわち台湾が米国の重要なパートナーであること、台湾関係法と「6つの保証」を守ること、国防・安全保障協力を継続的に強化すること、装備品などを供与すること、両国間の交流を活発化することを再確認している。

⑷台湾に対する近年の武器供与

2017年6月、トランプ政権はオバマ政権が凍結していた14・2億ドル分の台湾軍事供与を承認した。オバマ政権が台湾に供与した軍事装備は、台湾が運用する米国製航空機の補用部品など、米国が過去に供与した装備品の維持に必要不可欠なものに限られていた。

転じてトランプ政権は、次ページの表のような最新装備品の供与を決定した。これらは、海上封鎖やミサイル攻撃に対して単独で有効な対処を行うために不可欠な装備である。注目すべきは、2020年以降に供与が決定されたF‐16C／D、空対地ミサイル、地対艦ミサイルなどが新たに追加されたことである。米台両軍は、台湾防衛に関する作戦構想や所要の装備について密接に協議しているとみられる。第1列島線上の各地から人民解放軍の艦艇などを攻撃することを考えているインド太平洋軍の作戦構想にとって、台湾の地政的な位置付けは重要である。これら装備は、台湾がインド太平洋軍との共同作戦を遂行し得る能力を向上させ、インド太平洋軍の抑止構想の一部を構成することを意味している。

⑸インド太平洋軍の台湾防衛構想

米インド太平洋軍の作戦構想を一言でまとめると、平時は、インド太平洋地域の常続的な警戒監視と事態に機敏に対処するための前方配備を維持して、地域における現状変更の試みを阻

米国から台湾への主要な武器輸出(議会への通告分)(2011-2020年)

年	品名・形式・内容	金額(100万ドル)
2011	F-16A/B戦闘機×145機の近代化(AESAレーダー×176セット、JDAM搭載改修など)	5,300
	ルーク米空軍基地でのF-16戦闘機操縦訓練	500
	F-5E/F、C-130H、F-16A/B、IDF 補用部品	52
2015	スティンガーミサイル・ブロック1-92F本体、ミサイル、訓練装置等	217
2017	キッド級駆逐艦用電子戦装置AN/SLQ-32(V)3の近代化	80
	AGM-154C JSOWミサイル×56発	186
	MK-54軽魚雷改修キット×168セット	175
	MK-46 Mod6 重魚雷×46発	250
	AGM-88BHARMミサイル×50発など	148
	SM-2AブロックⅢAスタンダード・ミサイル改修キットなど	125
	警戒監視レーダー運用・整備支援	400
2018	米国製各種航空機の補用部品	330
2019	F-16の米国委託操縦訓練	500
	スティンガーミサイル・ブロック1-92F本体、ミサイル、訓練装置等	224
	M1A2T戦車×108両、M88A2装甲回収車×14両、M1070A1戦車輸送車両×16両、SINCGARS無線システム×64セット、各種弾薬、補用部品、技術支援役務	2,000
	F-16C/D Blk70 x 66機、補用エンジン、関連装備品・部品、搭載爆弾、ミサイル等	8,000
2020	MK-48 Mod6重量魚雷及び関連装置、部品等	180
	ペトリオットPAC-3ミサイルの再保証、GSE更新、補用部品等	620
	F-16搭載用偵察ポッドMS-110及び関連装備品等	367
	AGM-84H航空機搭載用長射程対地攻撃ミサイル及び関連装置	1,008
	高機動砲ロケットシステム(HIMARS)、陸軍戦術ミサイル(ATACMS)及び関連装備品等	436
	RGM-84L-4ハープーン対艦ミサイル沿岸防衛システム	2,370
	MQ-9B無人機及び関連装備品	600
	戦場情報通信システム(戦場での情報通信ネットワークを構成するシステム)	280

出典:米議会調査局
“Taiwan: Major U.S. Arms Sales Since 1990”p.56-59

止する。有事は敵の奇襲を避け、分散配備から敵艦艇や沿岸の重要施設を攻撃する。この体制によって地域における抑止を確実にする。

台湾防衛に関するインド太平洋軍の作戦構想は、この全体構想の主要な部分を構成する。なぜなら台湾有事は、その蓋然性の高さ、日本やフィリピンなどを含む広範な地域への拡大、全面戦争へのエスカレーションが考えられる重要事態だからだ。大陸沿岸、台湾海峡、東シナ海、南シナ海、太平洋における人民解放軍の配備や活動を包摂するように、米軍は様々な島嶼に機動してそれらを射程に収め、その動きを抑止しようとするだろう。その範囲は、陸、海、空という物理的な範囲だけでなく、宇宙、サイバー、電磁波領域に及ぶ。中国は米国をはじめ諸外国の干渉や介入を避けるために、ロシアのように非軍事領域を有効に活用したハイブリッドな方策を用いて台湾国内の混乱や反政府活動を展開しようとするだろう。米国はこれに関して、平時から情報を共有し協調的な対処を図ろうとしている。NDAA2020は台湾とのサイバー協力について初めて言及し、米台省庁間のハイレベル協議の実現可能性、台湾のサイバーセキュリティ活動への関与計画などを議会に報告するよう要請した(★16)。さらにNDAA2021は、台湾の非対称防衛戦略を支える対艦、沿岸防衛、対装甲、防空、機雷戦、指揮統制能力を重点に、装備の供与や運用能力向上を支援すべきだとしている。同盟国と協力して「第1列島線上に統合戦力として破壊力の高い精密打撃ネットワーク、特に地上配備の対艦、対地打撃能力を重層的に構築して敵のA2／AD網を撃破する」（★17）ことがインド太平洋軍の台湾防衛の中心的な構想である。

⑹ おわりに

本論執筆中の2021年1月中旬、トランプ政権が2018年2月にインド太平洋地域の戦略を策定した際の内部文書が公開された（★18）。台湾関連を抜粋、要約すると、「台湾が、安全保障、強制からの自由、回復力、そして単独で中国と交戦する能力を確保する効果的な非対称防衛戦略と能力を開発することを可能にする」とした。中国に対しては「米国、同盟国、パートナー国に対して軍事力を行使することを抑止し、紛争の全領域にわたって中国の行動を打倒する能力と構想を開発する」とし、その手段として「①紛争時に第1列島線内で中国の海空での持続的な優越を拒否すること、②台湾を含む第1列島線上の諸国を防衛すること、③第1列島線の外で全ドメインの優越を確保すること」を挙げた。この方針に沿って国防総省のインド太平洋戦略報告、インド太平洋軍の作戦構想が作成されたことは明らかだ。トランプ政権には様々な批判があるが、安全保障に関してはホワイトハウス、議会、国防総省、軍の間で政策と戦略が統一的に展開されてきたということがわかるだろう。

とはいえ、この作戦構想を実現する軍事力は未だ整備されてはいないし、新たな作戦計画は検討中だと考えられる。インド太平洋軍の報告書は、「現在の統合軍には、各軍種が保有する装備と能力を、統一された作戦構想に統合する能力が欠けている」と指摘する。8月に就任した米空軍参謀総長のブラウン大将は、「変化を加速するか、負けるかだ」と危機意識を顕わにした。報告書では、統合によるマルチドメイン演習や各種の実験を継続することが重要だと述べている。カリフォルニア、ネバダ、アラスカ、ハワイ、クエゼリン、北マリアナ諸島自治連邦区（CMNI）の訓練・試験施設をネットワークし、仮想化技術、シミュレーション技術などを活用して、米本土からインド太平洋戦域を含む複雑な作戦シナリオで同盟国も参加する演習や実験の場を作り革新的な作戦計画を立案するという。

政権は民主党のバイデン大統領に移行したが、就任直後の発言を聞くと、台湾をめぐる中国との対峙はますます先鋭化することが予想される。したがってバイデン政権のインド太平洋に関する安全保障戦略、国防戦略は、基本的に現状を踏襲することになるとみられる。一方で、コロナウイルス対処のために大きな財政出動を余儀なくされていることから、バイデン政権が軍事費抑制に転換すると見る専門家は少なくない。そうなれば、インド太平洋軍の戦略転換の具体化には時間を要し、中国との大国間競争は厳しい局面を迎えることになるかもしれない。日本はますます大きな役割を期待されることになるだろう。

［注釈］

★1：China Military Online, "Chinese military conducts joint air-sea drill near Taiwan island", 2020.2.11, http://english.pladaily.com.cn/view/2020-02/11/content_9739341.htm

★2：この構想は政府系のシンクタンク、Center for Strategic and Budgetary Assesment (CSBA) が２０１０年５月に発表した。CSBA, "AirSea Battle: A Point-of-Departure Operational Concept", https://csbaonline.org/research/publications/airsea-battle-concept（２０２０年1月28日参照）

★3：Department of Defense, "Joint Operational Access Concept (JOAC)", 17 January 2012, https://archive.defense.gov/pubs/pdfs/JOAC_Jan%202012_Signed.pdf（２０２１年1月28日参照）

★4：原文では"Cross Domain Synergy"という。

★5：陸、海、空という従来の作戦領域に加えて、サイバー空間、宇宙空間の５つをいう。

★6：https://news.usni.org/2015/01/20/document-air-sea-battle-name-change-memo

★7：DoD, "Indo-Pacific Strategy Report", July 1, 2019

★8：NATIONAL DEFENSE AUTHORIZATION ACT (NDAA) 2020 SECTION 1253 ASSESSMENT, "Regain the Advantage- U.S. Indo- Pacific Command's (USINDOPACOM) Investment Plan for Implementing the National Defense Strategy Fiscal Years 2022-2026"

★9：National Defense Authorization Act for Fiscal Year 2019 (NDAA2019)

★10："windows of advantage"

★11：Toshi Yoshihara, "Dragon Against the Sun: Chinese Views of Japanese Seapower", May 19, 2020, https://csbaonline.org/research/publications/dragon-against-the-sun-chinese-views-of-japanese-seapower（２０２１年1月23日閲覧）

★12：“Agile Combat Employment (ACE)”

★13：“Pacific Deterrence Initiative (PDI)”

★14：Senate Jim Inhofe and Jack Read, “The Pacific Deterrence Initiative: Peace Through Strength In The INDO-PACIFIC”, War on the Rocks, MAY 28, 2020, https://warontherocks.com/2020/05/the-pacific-deterrence-initiative-peace-through-strength-in-the-indo-pacific/?utm_source=Sailthru&utm_medium=email&utm_campaign=EBB%2005.29.20&utm_term=Editorial%20-%20Early%20Bird%20Brief (2020.6.25)

★15：ロイター、「「1つの中国」政策、必ずしも堅持の必要ない＝トランプ氏」、２０１６年12月12日、https://jp.reuters.com/article/trimp-china-idJPKBN14016B（２０２１年1月22日閲覧）

★16：SEC. 1260B. REPORT ON CYBERSECURITY ACTIVITIES WITH TAIWAN, NATIONAL DEFENSE AUTHORIZATION ACT FOR FISCAL YEAR 2020, PUBLIC LAW 116-92—DEC. 20, 2019,

★17：p.３　第４項「報告書「優位性を取り戻す（Regain the Advantage）」」参照

★18：National Security Council, “U.S. Strategic Framework For Indo-Pacific”, https://assets.documentcloud.org/documents/20455499/ips-final-declass_ocr.pdf（２０２０年1月17日閲覧）

第6章

李登輝総統が願った「日本版台湾関係法」の実現

財団法人李登輝基金会顧問
李登輝元総統日本人秘書
早川友久

早川友久（はやかわ・ともひさ）　1977年、栃木県足利市生まれ。早稲田大学卒業。学生時代、台湾旅行中に台北市長選の選挙応援会場を見学し、金美齢氏（元台湾総統府国策顧問）と出会う。帰国後、「日本李登輝友の会青年部」を立ち上げ、初代青年部部長に就任。2003年から金美齢事務所の秘書。2007年から台湾留学。台湾大学法律系（法学部）在学中に李登輝チームの一員として活動。2012年、李登輝総統事務所の秘書に就任。国会議員、官僚、ジャーナリストなどの日本人窓口を引き受け、李登輝元総統関連の取材インタビューや書籍、スピーチ原稿執筆も担当した。

1 日台間を結んだ象徴的な人物

日本と台湾の関係には、その結びつきの深さを表象する「象徴」的人物が戦後長らく存在し、またそれがカードとして活用されることによって関係の維持や深化が図られてきた時期がある、と指摘する台湾研究者がいる。例えば、麗澤大学外国語学部の清水麗教授がそのように指摘している。

その主張によると、1970年代初期までは、蒋介石が緊密な日本と中華民国の関係を象徴する人物として取り沙汰され、実質的な日華間の外交交渉においても「以徳報怨」という言葉に代表される「蒋介石恩義論」がカードとして機能したという。

さらに、1980年代以降の日台関係においてその関係の象徴となったのが李登輝であり、本省人として台湾に生まれ、日本統治時代にはその教育によって日本人以上に日本を理解する李登輝が、自身を日台関係における「カード」として利用したという指摘である。

李登輝自身を「超現実主義」な政治家と捉えれば、その指摘はまったくの的外れとはいえない。例えば、李登輝は行政院長だった蒋経国から政務委員（閣僚級）に任命される前年、国民党にも入党している。戦後長らく、白色テロと呼ばれる恐怖政治を行ったのが国民党であり、抑圧される側にいたのが李登輝という構図を考えると、国民党に入党するという行為は周囲から「気が違ったのか」といわれるほどのものだった。

しかし、李登輝にいわせれば「自分は苦しい農民の生活を少しでも楽にしてやりたい、という思いで農業経済の研究をやってきた。国民党に入ることで私の意見が少しでも通るならば、自分がなんと批判されようがかまわない」のだ。当時、独裁政権だった国民党統治下では、党籍を持たない人間の意見は取り上げられなかったからだという。現実主義者である李登輝の一面を垣間見せるエピソードである。

こうした李登輝の現実主義的な面を窺わせるエピソードは枚挙にいとまがないことから、李登輝が自分自身を日台関係における「カード」として利用したという指摘にはうなずける部分も多々ある。しかしながら、李登輝をすぐ近くで見てきた日本人としては、やはり李登輝の日本に対する期待や思いというものは、決して損得勘定といった現実主義的なものだけではないといわざるを得ない。李登輝は日本がアジアのリーダーとして台湾と手を結び、国際社会に貢献していくことを願ったし、日本が不甲斐ない態度を見せれば怒りをあらわにすることもあった。

２００１年、総統を退任した李登輝が訪日を希望した際、日本政府がなかなかビザを発給しなかったことに対して「日本政府の肝っ玉はネズミより小さい」と記者会見で声を荒らげた。

ビザ発給という国家の主権行為にさえ、中国の顔色を気にする日本に堪忍袋の緒が切れたのだ。

日本が中国との関係を維持する一方で、台湾とは外交関係がないものの、自由や民主、人権といった共通の価値観を持つ台湾との実質的な関係を強化させていくことを李登輝は願っていた。

2 米国の巧妙な対台湾外交戦略と丸腰の日本

李登輝が日本に対して期待したことは多々あったが、そうした日本と台湾の「実質的な」関係を強化するうえで特に日本側に呼びかけていたものが「日本版台湾関係法」である。

そもそも「台湾関係法」とは、1979年1月1日に米国が中華民国と国交を断絶するにあたり、同年4月に米国議会が成立させた国内法で、断交した同年1月1日に遡及して発効した。

その内容は、米台間の実質的な関係を維持するため「台湾を諸外国の国家または政府と同様に扱う」「平和構築関係維持のために台湾に、あくまで台湾防衛用のみに限り米国製兵器の提供を行う」などと規定されている。米国は中華民国と断交するにあたり、その一方で国内法としての台湾関係法を制定することで、外交上の政府承認は中華民国から中華人民共和国に切り替えたものの、中華民国との実質的な関係まで断ち切ることはしなかった。

米国の巧妙な外交戦術だが、いわば米国はテーブルのうえで中華人民共和国と握手をしながら、テーブルのしたでも中華民国と握手し続けたわけである。

日本の場合、1972年9月29日に田中角栄政権が中華人民共和国と国交を結び、同日に中華民国とは断交した。ただ、日華間は断交後も双方が実質的な関係を維持していくことを希望しており、民間機関として日本側は財団法人交流協会（現在は公益財団法人日本台湾交流協会）、台湾側に亜東関係協会（現在は台湾日本関係協会）を設立して双方の窓口としたのである。

しかしながら、両者はあくまでも民間機関であり、設立の根拠は「財団法人交流協会と亜東関係協会との間の在外事務所相互設置に関する取決め」に過ぎなかった。この取決めでは、双方の機関の役割として経済、貿易、技術協力、出入国、邦人保護などが謳われ、あくまでも政治や外交とは距離を置く民間機関であることが強調される内容だった。裏を返せば、交流協会は法律的な設置根拠のない状態で50年あまりが過ぎてきたわけである。

2021年1月10日、産経新聞は特集「自由　強権21世紀の分岐点」で次のように報じた。

「多忙を極める空自隊員がひそかに感謝するのが台湾の存在だ。政府関係者は『空自がスクランブルをしているのは主に尖閣諸島（沖縄県石垣市）の東側の空域で、西側空域は台湾空軍に任せているのが実態だ。事実上の役割分担がある』と明かす。

日本と台湾には外交関係がなく、同盟関係はおろか防衛協力も表向きはないが、両者は戦略的利益を共有している」

このように、日台間に横たわる問題には、昨今の中華人民共和国による尖閣諸島付近への領海侵犯に代表されるように、安全保障に深く関わる問題もある。しかし、産経新聞の記事が報じるように、日台間には防衛や安全保障に関わるいっさいの取決めが存在していない。そうした背景を鑑み、李登輝は日台間の実質的な関係を構築するための日本版台湾関係法の制定を呼びかけたのである。

本稿では、日台関係がますます緊密な関係を有し、中国が覇権を露わにした今日、日台の関係を規定する日本版台湾関係法を制定するうえで、代表的なイシューとして取り上げられる交流協会を例として論じたい。

交流協会の海外事務所である交流協会台北事務所は、実質的な駐台湾日本大使館にあたるが、他国における日本政府の在外公館とはもちろん異なる性質をもっている。ここでは、中華人民共和国における日本大使館と比較しつつ、交流協会の問題点を指摘しながら論じるものとする。

3

歴史的背景

まず、戦後の日本、中華民国（台湾）、中華人民共和国を取り巻く東アジア史についてふりかえってみたい。

1945年8月15日、日本はポツダム宣言を受諾し第二次世界大戦に敗れた。戦後日本が米国の占領を受けたように、日本の統治から離れた台湾は国民党率いる中華民国の占領を受けることとなった。大戦中は、中国大陸において国民党と共産党は日本と対抗するため、いわゆる「国共合作」によって休戦していたが、戦後は再び中国大陸における国共内戦が勃発していた。1949年、国共内戦に敗れた中華民国は中国大陸を放棄して台湾に政府機能を移すこととなった。

1951年9月5日、日本は戦勝国側とサンフランシスコ平和条約を締結し、翌1952年4月28日、サンフランシスコ平和条約が発効して日本は主権を回復し国際社会へ復帰を果たした。しかしながら、この平和条約を結んだ相手国に中華民国は含まれていなかった。自由主義陣営の一員として中華民国を招きたい米国と、香港の関係があるためにすでに中華人民共和国を承認していた英国との間で折り合いがつかなかったからである。そこで、同日、日華間では日華平和条約を結んで、日本と中華民国の外交関係が再開した。ただこの当時、すでに国民党政府は台湾にあって、日本大使館は台北に置かれた。

特筆すべきは、日華平和条約が取り決めた、条約の及ぶ範囲である。実際は条約の本文ではなく「交換公文」で規定されたものだが、条約の適用範囲は「中華民国政府の支配下に現にあり、又は今後入るすべての領域」だった。締結は1952年だから、すでに中華民国は中国大陸から台湾へ敗走しており、支配する範囲は台湾とその周辺の離島に限られていた。つまり、条約締結の時点で、もはや中華民国が主張する「中華民国こそが中国を代表する」事実は存在しなかったのである。それでも日華双方は、その「虚構」を「事実」として条約を結んだ。詳細は省くが、もちろん当時の日本を取り巻く国際環境には、中華民国を相手として条約を結ばざるを得ない理由が多々あった。しかし、この「虚構」がのちのち、あるいは現在にいたるまでの「台湾問題」を生み出した主因となっている。

それから20年が経過した1972年、日本は中華人民共和国と「日中共同声明」を締結し国交を樹立した。これによって日本は「中国」という国家に対する政府承認を中華民国から中華人民共和国へと変更し、同日、中華民国政府は対日断交を宣言している。

同年12月、日本側は交流協会を、中華民国側は亜東関係協会を設置し、協議書に署名した。いずれも政経分離の原則から、名義上は民間組織の形をとった。

この観点から見ると、中華人民共和国に置かれている日本大使館は、外交関係に関するウィーン条約を法的根拠として設置された機関だが、交流協会台北事務所は特別な日台間における取決めによって設立された民間機関である。次項では両者の違いを検討する。

4 大使館と交流協会台北事務所の比較

通常、大使館は接受国の首都に置かれるのが一般的である。駐米国日本大使館がワシントンD.C.に、駐フランス日本大使館がパリに置かれるのがその例である。そのため、駐中華人民共和国日本大使館（以下、日本大使館とする）も北京に設置されている。日本大使館は外務省が管轄する日本政府の在外公館であり、日本大使館以外に、下位組織として中国各地に香港を含め7つの領事館を有している。

交流協会もまた海外事務所として台北事務所および高雄事務所を有しているが、日本大使館が当然ながら外務省の明白な監督下にあるのに対し、交流協会は本部および海外事務所ともにあくまでも「民間機関」であり、所属する職員はすべて「民間人」とされている。そのため外務省職員は、形式的にいったん退職してから赴任することになっている。交流協会本部は外務省内ではなく、外部の独立した事務所を構えているが、実質的には交流協会もまた外務省およ

交流協会の役員名簿

役員名簿

代表理事（会長）	大　橋　光　夫
代表理事（理事長）	谷　崎　泰　明　＊ （前駐インドネシア特命全権大使）
代表理事（専務理事）	花　木　出　　＊ （元経済産業省 中国経済産業局長）
業務執行理事（台北事務所長）	泉　裕　泰　＊ （元バングラディッシュ特命全権大使）
理　事	米　谷　佳　夫
理　事	植　木　義　晴
理　事	石　戸　利　典
理　事	田　邊　栄　一
理　事	山　埜　英　樹
理　事	若　林　正　丈
監　事	林　　信　秀

交流協会の役員名簿

び経済産業省の監督を受けているのが実情である。

日本大使館の責任者は大使であるが、民間機関である交流協会台北事務所の責任者は「所長」である。ただ、だいぶ以前より「所長」の肩書はやや「軽い」印象を与えるとして、暫定的に「代表」と称することが慣例になっている。ただし、この改称はあくまでも「通称」としての呼称であり、正式な職位の名称は現在も「所長」である。

蛇足だが、ある立法委員が現在の泉裕泰所長と名刺交換した際、名刺に「大使」と書かれているのをSNS上に掲載し、新聞が「日台関係さらに前進」と報じたことがあった。交流協会側は「大使経験者が名刺に『大使』の肩書を用いるのは通例」と煙に巻いたが、これは外交慣例を逆手にとった上手い曖昧戦術だろう。

交流協会は前述のとおり、台北と高雄に海外事務所を置いているが、台北事務所は実質的に大使館機能を有している。もちろん政府機関である大使館とは完全に同等ではないが、台北事務所所長は大使同様に事実上日本政府を代表するものであり、台湾政府もそのように接遇していることが証左である。

駐中華人民共和国日本大使館は「日中共同声明」を受け1973年1月、正式に開設された。一方、1972年12月26日に日本は中華民国と双方の海外窓口機関設置に関する協議書を締結し、同日交流協会台北事務所を開設した。現在、駐中華人民共和国日本大使館には100名を超える日本人職員(2017年、現地職員は含まない)がおり、交流協会台北事務所には約60人(2020年、現地職員を含む)が在籍している。

通常、大使館および外交官は外交特権を有する。これは一般的に「外交関係に関するウィーン条約」および「領事関係に関するウィーン条約」と呼ばれる条約に基づいている。一方で、交流協会本部および海外事務所はあくまでも表向きは民間機関である。ただ台湾では1982年に立法院で成立した「駐華外国機構及びその人員の特権と免除に関する条例(駐華外國機構及其人員特權暨豁免條例)」により、日台間に外交関係は存在しないものの、この条例を根拠として交流協会台北事務所および高雄事務所にはいわゆる外交特権の一部が与えられている。

ちなみに、交流協会のカウンターパートである台湾日本関係協会の海外事務所たる台北駐日経済文化代表処及びその他の弁事処には外交特権に類するものは与えられていない。

5 駐中国日本大使館と交流協会台北事務所の制度比較

(1) 駐中国日本大使館——設置根拠

「日中共同声明」を受け、日本政府は駐中国大使館の開設作業に入った。ただ、当時すでに日本政府は北京に「LT貿易」事務所を有していた。LT貿易とは、1962年11月に日中間で交わされた「日中長期総合貿易に関する覚書（通称「LT協定」）」に基づき、正式な外交関係の成立をまたずに双方が連絡事務所を設置して行われた半官半民の貿易形態である。中国側の代表である廖承志《りょうしょうし》と日本側の代表である高碕達之助・元通産相の頭文字からLT貿易と呼ばれるにいたった。日本政府は10月9日にLT貿易事務所を臨時日本大使館に格上げし、1973年1月には正式に日本大使館を開設した。3月31日には、初代駐中華人民共和国大使である小川平四郎が着任している。

⑵ 交流協会および海外事務所設立の背景

1972年7月7日、総理大臣に就任した田中角栄は、公約として中華人民共和国との外交関係樹立を明言した。また外務大臣の大平正芳は「（日本と中華人民共和国が）復交合意すれば、日台条約（筆者注：日華平和条約のこと）は消滅する」と発言した。これらの発言を受け、中華民国外交部ではもはや日華間の国交断絶は不可避であるとの前提に立ち、日本側との経済、貿易、技術協力、文化交流等の実務的な関係を維持していく方法を模索していた。

事実、この年の2月にはニクソン米大統領が電撃訪中し、米国が対ソ戦略上、中華人民共和国と急接近したことで田中角栄が総理に就任する以前から日中が外交関係を樹立する流れが顕著になってきていた。同年6月13日には行政院長の蔣経国が立法院で行った施政報告のなかでも「わが国は現在国交を有する51か国との関係を維持するのみならず、すでに外交関係を断絶した国家に対しても、それによって完全に往来を失うことがあってはならない」と発言し、日本と断交したのちも実質的な関係を維持していくことを示唆した。こうした中華民国側の態度は日本の外務省としても歓迎するものであり、日華双方の外交関係者は国交断絶以前から水面下で民間機関の設立に向けて交渉を始めていたのである。

1972年9月29日、「日中共同声明」が締結された後の記者会見の席上、大平外相は「共同声明には言及されておりませんが、日中国交正常化の結果として日華平和条約はその存在意義を失い、終了したものというのが日本政府の見解であります」と発言した。この発言を受け、同日中華民国外交部長（外相）の沈昌煥《ちんしょうかん》は対日断交を宣言したのである。こうして日本と中華民国は袂《たもと》を分かつこととなったが、双方は実務機関、すなわち民間機関の設立に同意し本格的な準備が進められる。民間機関の設置に関し、日本側の主な計画は次のとおりであった（平川幸子。『「二つの中国」と日本方式―外交ジレンマ解決の起源と応用―』。勁草書房）。

1 Contact Point の本部は東京に置く公益法人とし、海外事務所を台北に置く（高雄にも設けるかは検討する必要がある）。

2 発起人は外務省あるいは通商産業省OBとし（大蔵省OBも検討する）、財界からも選任する。

3 最高責任者は台湾と長期にわたって密接な関係を有した人物はなるべく避けるものとし、新しい観点から選任する。

4 台北事務所の責任者は伊藤公使以外に、外務3人、通産2人、大蔵1人、農林1人の構成とする（ただし、事務所の業務内容いかんによっては人数の増加や他省庁からの参加も検討する）。

5 台北事務所の業務は貿易、経済、技術協力、出入国、在留邦人の保護に限るものとする。

(3) 交流協会の名称問題

日華双方は実務機関の設立を進めていたものの、最大の問題は機関の「名称」であった。日本側の提案は「日台交流協会」であったが、これは中華民国側から拒絶された。中華民国にとって「日台」の名称は自身の正統性を傷つけるものであり、到底受け入れられなかったからである。そのため中華民国側は「日華交流協会」への変更を求めた。ただ、これは日本側が同意しなかった。『中華民国』や『日華』などの名義を用いた場合、あたかも日華関係が国家と国家の関係と誤解される恐れがあったことによる。さらには、中華人民共和国の強烈な反対を引き起こす可能性さえあったからである。その後「亜東交流協会」や「遠東交流協会」等の提案が次々となされたが双方の同意には至らず、最終的には最もシンプルな「交流協会」で決着した。

同年12月1日、東京で交流協会本部の設立式典が行われた。会長に就任したのは当時経団連副会長の任にあった堀越禎三、理事長は元駐中華民国日本大使の板垣修だった。これによって以後「会長＝財界人，理事長および台北事務所所長＝外務省においていくつかの大使を経験したキャリア外交官」という人事構成の慣例が確立されたのである。

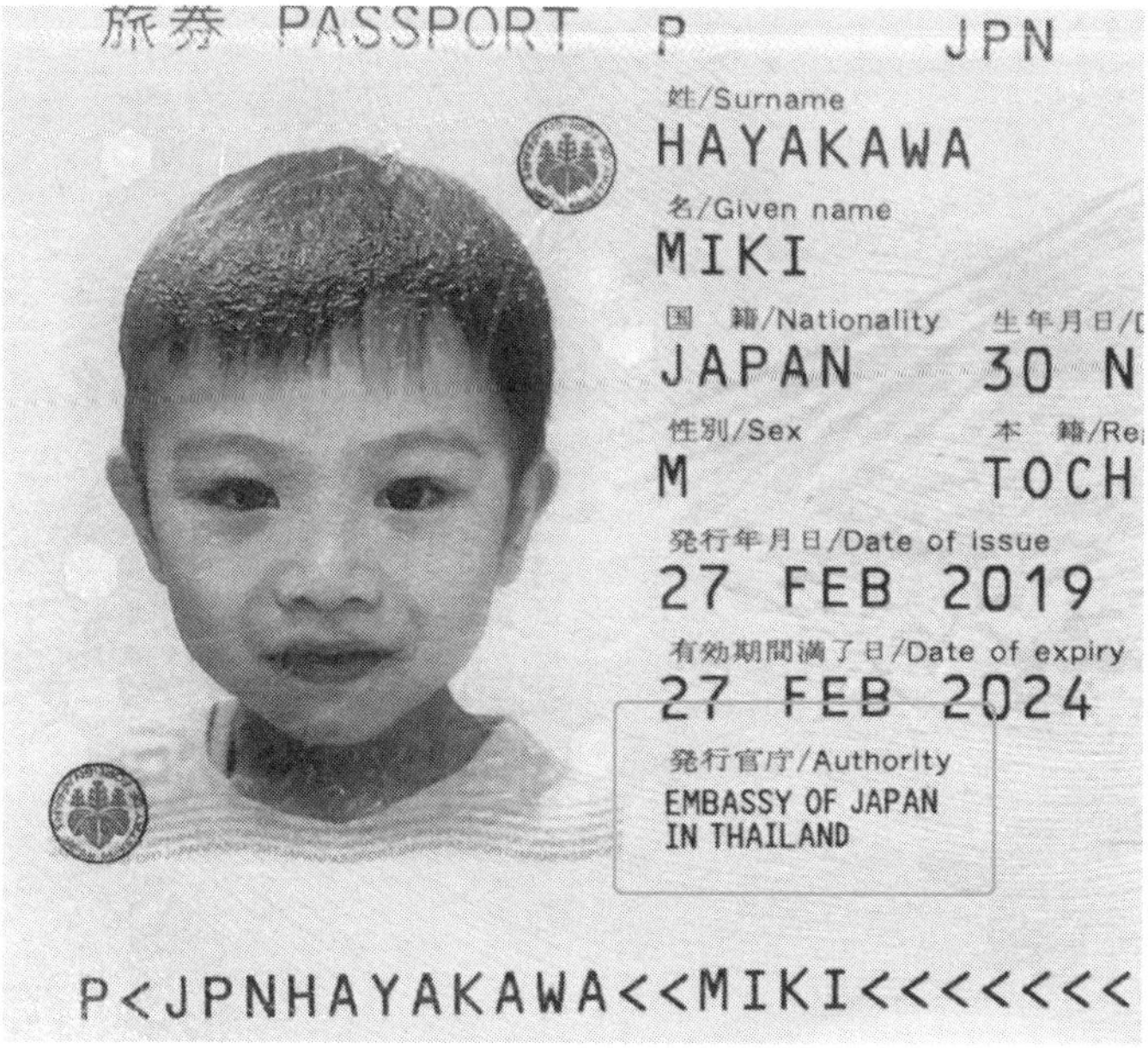

台湾で更新した日本人旅券の表記

(4)「交流協会台北事務所＝民間機関」の例

台湾に生活の基盤を置く日本人や台湾で出生した日本人子女の旅券に関する業務（申請や更新）は交流協会台北事務所と高雄事務所が窓口となっている。

しかしながら、台湾の交流協会で処理した旅券には「発行官庁」として「EMBASSY OF JAPAN IN THAILAND」と記載されている。つまり、在台邦人が旅券の申請あるいは更新をする場合、交流協会台北事務所および高雄事務所は申込みを受け付けると、申請書類あるいは旧旅券を外交行嚢によってバンコクにある駐タイ日本大使館に送るのである。バンコクで処理された旅券は再び台湾に送られ、交流協会の窓口を通じて申請者に発給される。このようにわざわざ台湾からタイに送って旅券を処理する理由はいくつか挙げられる。

①交流協会の海外事務所はあくまでも民間機関であり、旅券の発行に関する業務を行うことはできない。そのため、交流協会は受付を「代行」する窓口に過ぎず、旅券に関する業務は駐タイ日本大使館にまかせている。

②日本国内の旅券に関する業務は地方自治体に委任しているのが実情であり、原則として外務省本省は旅券に関する業務を行わない（外交官旅券、公用旅券、人道上の緊急発行などを除く）ため、外務省に送付して処理するのも不合理である。

③旅券を中国国内の大使館あるいは領事館に送付して処理した場合「台湾は中華人民共和国の一部分」であると誤解されることを避けるため、つまり日本政府は「日中共同声明」において、中華人民共和国の主張する「台湾が中華人民共和国の領土の不可分の一部であること」を「十分理解し、尊重」するにとどめているからである。そのため日本政府は中国における日本大使館と台湾の交流協会を区分し、中国の大使館と交流協会の間になんらかの関係が存在しないよう注意を払っている。

このほか、交流協会の台北および高雄事務所ではビザ発行業務もまた駐タイ日本大使館に委託している。交流協会の役割としてはあくまでも旅券や申請書類を受け付ける窓口としての業務のみを行っているという論理である。別の角度からみれば、交流協会は徹頭徹尾、民間機関の範疇にあることを維持しているともいえる。

しかしながら、もともと「民間機関」であるはずの交流協会の海外事務所および台湾側の窓口機関である台北駐日経済文化代表処と日本各地の弁事処は暗号電報の使用を許可されているほか、接受国政府との公文往来や外交行嚢の使用、出入国時の便宜供与や荷物検査の免除など、外交特権の一部を享受しているという玉虫色の運用が成されていることもまた事実なのである。

⑸ 政経分離の原則

交流協会海外事務所の設置根拠となっている「取決め」では「政経分離」の原則に基づいて民間機関を設立することが謳われている。

こうした角度からみると、駐中国日本大使館の設置根拠が「外交関係に関するウィーン条約」に求められるのに対し、交流協会の海外事務所の設置根拠は日華双方が締結した「取決め」に依拠しているといえる。この「取決め」は交流協会の海外事務所設置の基礎でもあるが、その内容は経済、貿易、教育および在留邦人の保護に限られており、あくまでも政治とは距離を置いていることがわかる。

6 結論

(1) 交流協会が直面する問題

交流協会は実質的には外務省の指揮下にあり、その海外事務所は日台間における事実上の外交窓口である。しかしながら、法的根拠の観点から考察すると、交流協会はあくまでも1つの「民間機関」であるに過ぎない。つまり、交流協会の設置に法的根拠はなく、ただ「取決め」があるに過ぎない状態なのである。

日本と台湾はともに法が支配する国家であるが、国家の重要な責務である邦人保護等の業務が、その設置に法的根拠を持たない民間機関に委託されているのが現状である。さらに、交流協会海外事務所の設置根拠である「取決め」においては、業務範囲を経済、貿易、邦人保護、教育、出入国、各種技術協力、学術文化、スポーツ等の交流活動等に限定している。ここで指摘しなければならないのは「取決め」に安全保障に関するものが一切含まれていないことにある。

近年、中国はあからさまに太平洋に進出しようとする軍事的意欲を見せ、アジア太平洋地域における最大のリスク要因となっている。こうした中国の激烈な膨張を抑制し、さらには中国の覇権主義を抑え込むためにも、最も重要なカギとなるのは日米同盟とともに日米台の協力関係である。

⑵ 問題と対策

ますます緊張するアジア太平洋地域において、経済や貿易あるいは技術協力や文化交流などに限定された民間の実務関係だけでは、日台関係における平和と繁栄を維持していくことは不可能である。

ここで筆者は、台湾との総合的な外交関係を推進するため、日本は交流協会について明確な法的根拠を制定するべきだと指摘したい。李登輝もまた、日台関係の緊密化を強く望み、晩年のライフワークとして日台関係強化を掲げたが、筆者のこの指摘は、李登輝の期待にも合致するものと自負する。

米国は1979年、中華民国との断交に際し、議会で「台湾関係法（Taiwan Relations Act）」を成立させた。台湾関係法は、台湾と中華人民共和国は別個の存在という前提に立ち、米台関係推進の法的根拠としたのである。台湾関係法が次のように規定しているのが好例である。

「同地域の平和と安定は、合衆国の政治、安全保障および経済的利益に合致し、国際的な関心事でもあることを宣言する（第2条B項2）」

「防御的な性格の兵器を台湾に供給する（第2条B項5）」

「大統領は、台湾人民の安全や社会、経済制度に対するいかなる脅威ならびにこれによって米国の利益に対して引き起こされるいかなる危険についても、直ちに議会に通告するよう指示される。大統領と議会は、憲法の定める手続きに従い、この種のいかなる危険にも対抗するため、とるべき適切な行動を決定しなければならない（第3条C項）」

本稿の冒頭でも紹介したが、2021年1月10日付の産経新聞は「日本と台湾には外交関係がなく、同盟関係はおろか防衛協力も表向きはないが、両者は戦略的利益を共有している」と報じた。まさに日台間の安全保障に関する協力関係が法的根拠はおろか、黙示によってかろうじて維持されていることの表れである。

今後、日本が明確な法的根拠による制度のないまま日台間の実務関係を処理していくのであれば、万が一、台湾海峡での武力衝突などが発生した場合、日台が現在享受している平和と安定、繁栄は損なわれ、日台双方の利益も失われることになるだろう。

繰り返しになるが、米国の対台湾政策は安全保障も含めて台湾関係法に基づくものであり、台湾との密接な関係を維持している。台湾は民主化から30年が経過し、自由や民主、法の支配、人権といった価値観を日米と共有する民主国家となった。また、中国の覇権主義の最前線に位置する国家として、安全保障面においても日米台の連携がますます不可欠となっている。

今後、日本が対台湾政策を推進していく必要があるのは自明の理であるが、米国の対台湾政策と整合性を持つことに加え、日台関係における法的根拠の整備が必要と筆者は認識する。これは総合的にいえば「日本版台湾関係法」と称されるものであるが、名称は必ずしもこの限りではない。むしろ、1972年に日華双方が知恵を絞って維持した実務関係のように、名を捨てて実を取るがごとく、法的根拠をいっさい欠いた現在の日台関係が実質的に日本政府および国会から担保された状態になることを望むものである。

第7章

日台第1列島線同盟タスクフォース FICATの構築

――Made in Japan 2025 with Taiwan――

エリス・コンサルティング代表
立花聡

立花聡（たちばな・さとし）　１９６４年生まれ。経営コンサルタント、作家、研究者。法学博士、上級経営学修士（ＥＭＢＡ）。早稲田大学理工学部卒業。ＬＩＸＩＬ（当時トステム）東京本社勤務を経て、英ロイター通信社に入社。１９９４年から６年間、ロイター中国・東アジア日系市場統括マネージャーとして、上海と香港に駐在。２０００年ロイター退職後、エリス・コンサルティングを創設、代表兼首席コンサルタントを務め、現在に至る。現在マレーシア・クアラルンプール在住。著書に『実務解説 中国労働契約法』（共著、中央経済社）など。学会論文発表多数。
立花聡公式サイト　https://www.tachibana.asia/

1 疑わしいバイデン政権の本気度

蔡英文総統を「民選代表」と呼ぶバイデン米政権は、本気で台湾を守り続けてくれるのか。「戦略的忍耐（strategic patience）」。――2021年1月25日の記者会見で、ホワイトハウスのスポークスマンがバイデン政権の対中政策について、この言葉を繰り返しながら、対中政策は検討中とし言葉を濁した。対中政策ほど重大なアジェンダは、新政権発足後になって悠長に検討するとは考えにくい。骨子がすでに固まっていたはずだ。それよりも、高まる反中の機運を前面に、親中の内実にいかに反中カモフラージュを施すかを検討しているのではないか。言い換えれば、トランプが築いたいわゆる不可逆的な対中共対抗路線をいかに、可逆的なものに変換するかという政策課題に腐心している。

バイデンは各国と協議しながら、対中政策を決めるとしている。しかし、これまでの経緯を見ると、むしろ中国を恐れ、中国利権を貪ってきた欧州等諸外国を横目にトランプ率いる米国が反中陣営の先頭に立った。反中陣営が存在するならば、それは米国が音頭をとってこその話である。バイデン政権がやる気のない仲間と相談するのは、やる気がない証拠だ。最終的に相談に相談を重ね、相談を不作為のための手段にすり替えるのが目に見えている。であれば、台湾を砦とする第1列島線はトランプ政権時代と打って変わり、重大なリスクに直面していると認識せざるを得ない。そこで唇亡歯寒の尖閣諸島防衛は、安心してバイデン政権に付託できるはずがない。

日本と台湾は、安全保障において自立と相互協力を真剣に検討する時代に差しかかった。とはいえ、日台の現状に鑑みてすぐに軍事同盟を組むのは現実的ではない。参照すべきは、近時中国が提示した「超限戦」の概念である。グローバル時代の戦争は、通常戦、外交戦、国家テロ戦、諜報戦、金融戦、ネットワーク戦、法律戦、心理戦、メディア戦など多方面に及び、軍人と非軍人の境界も曖昧化する。トランプ政権時代の対中戦にも見られたように、経済産業や金融、情報など非武力分野にフォーカスした戦略戦術がこれにあたる。

日本と台湾は、自由・民主主義の価値観および資本主義市場経済のルールを共有し、経済産業や情報、メディアを中心とした協力関係の構築に大きな可能性を持ち合わせている。これらの分野においてまず、強固な「第1列島線同盟」ＦＩＣＡ（First Island Chain Alliance）を築き上げるべく、その方向性と骨子を提案するのが本稿の目的である。

2 「グローバル化」呪縛からの解放と日台共同「主題づくり」

バイデン政権の戦略により、世界が対中軟弱路線、対中依存に逆戻りする可能性がある。親中であれ、対中依存であれ、その中核はなんといっても経済的な結びつき、つまりはグローバリズムにほかならない。そして、注意すべきは、従来の経済的依存にいまは政治的依存も加わり、両者が相思相愛の融合を果たそうとしていることである。

この30年、日本と台湾を取り巻く環境に大きな共通点があるとすれば、それはグローバリズムと中国共産党政権の脅威である。グローバル化に対する依存から、中国との接点が拡大し、最終的に中国に対する経済的依存へと発展した。この実態を見透かした中共政権は、日台だけでなく、欧米やアジアに至るまで世界経済の「中国依存」の構図を意図的に拡大し、固定概念として定着させることに成功した。一方、その反面、中国がどれだけグローバル化に依存しているかというアンチテーゼを矮小化した。この辺はまさに心理戦やメディア戦が奏功したといえる。

いわゆる「中国依存」とは完全な虚像までいかなくとも、実像の一側面に過ぎない。特定の相手に依存するのではなく、全当事者がグローバル化というシステムに依存してきたという本質を可視化しなければならない。それは情報やメディアといったツールを動員しつつ、中国からの産業・サプライチェーンの移出という実践的検証をもって世界に見せつけるほど有効な方法はない。つまり、産みの苦しみを味わいながらも、脱中国をして新たなサプライチェーンの構築が可能であることを証明することだ。

これにより「中国依存」の神話が破綻する。「中国依存」の呪縛を解かれた自由主義諸国にとってみれば、軍事力によらず、経済機能の有効化により対中交渉における切り札を手に入れるのである。対中のフロンティアに立つ日本と台湾は、世界のモデルケースとして成功する可能性を有し、そのサクセスストーリーを提示することにより、対中だけでなく、対米欧においても先行的優位性を誇示し、世界「強小」リーダー同盟の地位を手に入れる。

言い換えれば、グローバリズムの呪縛から解き放たれ、自由を得ることでもある。これまでは、「依存」構図を維持するためにも、グローバリズムが経済的利益を超え、政治的倫理面の善にまで昇華され、地球上最大級のポリティカル・コレクトネス（政治的妥当性）を作り上げたのである。主語が抜けているが、濃淡があるものの、全当事者が絡んでいた。グローバル化から利益を得ている者だけでなく、そうでない者も含まれていた。グローバリズムに異を唱え、アンチのアクションを起こしたトランプはついに叩き潰されたほど、グローバリズムは不可侵な絶対善になっていた。

神聖化された経済利益先導のこのポリティカル・コレクトネスがリベラルや保守といったイデオロギー、政党や派閥を超え、地球の重力に匹敵するグレート・パワーとなった時点で、トランプには到底勝ち目がなく、たとえどれだけの選挙不正があろうと、グローバリズムの敵側に立っただけで無残に敗北する運命から逃れることができまい。このように、グローバリズムのもとで、対中の経済的依存と政治的依存が一体化し始め、相互波及効果を及ぼしたのである。

3 国際政治の「芸術」と「技術」

グローバリズムそのものを批判するつもりはない。むしろ、近代資本主義の分業化・効率化の要請に合致した時代の変遷と捉えるべきであろう。ゲームそのものの問題ではなく、ゲームルールの問題である。中共政権は意図的にゲームの正当性を拡大し、恣意的にルールを改竄し、ルールの不当性を隠蔽してきた。したがって本稿は反グローバル化・アメリカファーストのトランピズムに完全同調するものでなく、市場の法則に従った自然体としてのグローバル化のルール修復・是正を主張するものである。

トランプが負けたのは、すべてのグローバリストを敵に回したからだ。ディープステート、ワシントンの沼を無差別的総「ワニ」化したことにより、孤立した。最終的にトランプが直面したワシントン沼のワニと中共政権という2つの内外の敵に挟み打ちされ、敗戦に追い込まれた。バイデンはしたたかだ。世界の反中機運とトランプのレガシーとして残された「不可逆的」な反中政策基盤を前に、あえて中国への強硬路線を形のうえで踏襲しながらも、実態としては美辞麗句の「国際的調和」を掲げ、グローバリズムの擁護に徹し、習近平が唱える「人類運命共同体」に呼応する。

日米関係は、クラシック音楽に当てはめると、「カノン」と「フーガ」のようなものだ。「カノン」も「フーガ」も、主題を追いかける作曲法。「カノン」は構成が簡単で後続声部が先行声部を忠実に模倣し、同じ調で追いかけ続ける。これに対して、「フーガ」は主題を転調しながら別の調で追いかけ、3声、4声になると、主題が出てくるたびに調性が変わるため、構成上複雑な和声の概念を理解したうえで作曲しなければならず、多次元の追いかけになる。米国は常に主題提示しながら、日本はカノンで単純に同調追随したり、あるいは場面によってはフーガのように形を変えたりしながら追いかけてきた。バイデン政権になった時点で、肝心な主題が大きく変わった。そこで従来通りの形態で同調追随ができなくなり、本質を追い求め、主体的に理性的な判断を入れ、自ら主題を作る必要が生じた。

では、米中関係はどうだろうか。バイデン政権の基本スタンスは、親中。少なくともトランプのような主導的進撃による反中ではない。中国と対立がないわけではないが、その対立はトランプ時代のイデオロギー次元の対立でなく、社会主義国同士（同類）の対立にも見られるように、利益次元の対立である。バイデン政権は表向きには、社会主義の同類だと公認することができない。すると、対中関係は、単純同調のカノンを避け、多重フーガや反行フーガ、拡大フーガ、縮小フーガなど多彩な、手の込んだフーガの作曲技法を動員する。しかし、本質を成す主題は変わらない。

国際政治は技術から芸術の世界にシフトしてみると、芸術を構成する技術の看破が必要になってくる。同時に、日本もプレイヤーとしては、政治を技術的にこなすところから、芸術を裏付ける技能の習得という新たなフェーズに移らざるを得ない。その大前提は、「主題」の自主的決定権である。

オバマ時代までは、米中の融和関係を背景に、日本は「親米親中」「政米経中」という姿勢を取った。それは日本の国益に適った実利主義的な戦略といえる。そこで、トランプの登場で米国は本気本物の対中強硬政策を次々と投入し、日米中3大国の関係にあった甘いバランスが破綻した。中国に対する経済的・政治的依存を抱えるバイデン政権が表裏一体の親中姿勢を取れば、認知や判断、対応もしやすいが、それがどうも実体の隠蔽にカモフラージュを施しているようだ。そうしたなかで、「主題」の確定が困難になり、日本には「カノン」型の単純追随という選択肢が消え、より複雑な「フーガ」型に移行せざるを得なくなった。

実は、台湾も日本と類似した状況に置かれている。そうした意味で「第1列島線同盟」FICAを基盤とする日台は、「主題」作りの共同作業に取りかかるにあたって、その必要性と合理性が生まれた。

4 経済と政治の二重依存・二重癒着の構図とメカニズム

「主題」作りに先立ち、現状の確認をしておきたい。

資本主義は、下層に対する搾取であり、民主主義は、上層に対する牽制（選挙）である。これでバランスを取っている。この円滑なバランス機能を担保する重要なものがある。それは、流動性である。自由市場のメカニズムによって、「上↓下」と「下↓上」の双方向の流動性が付与され、下層への転落リスクを与えながらも、下層から這い上がる「アメリカン・ドリーム」をも可能にした。一方、社会主義は、下層に対しては、搾取と統制のダブル・トップダウン機能をもち、「上↓下」と「下↓上」の双方向流動性を遮断したものである。「下↓上」流動性の欠落は、人のやる気を削ぎ、価値と富の創出の面ではどうしても資本主義に負けてしまう。社会主義者はそこで資本主義者との結託を企みはじめる。

見事に、ベクトルの方向が一致する。資本主義のエスタブリッシュメントは既得権益の確保を望み、さらなる貪欲を貪り、いよいよ「上→下」と「下→上」の双方向流動性の遮断に目を向けると、社会主義制度の機能的適合性に気づく。そこで民主主義が邪魔になる。ここまでくると、資本主義のエスタブリッシュメントが左傾し始め、社会主義崇拝に傾く。そのとき、待っていたかのように、社会主義の独裁層がより大きな資本と権力を手に入れ、世界制覇しようと、資本主義のエスタブリッシュメントと相思相愛の関係に発展する。

これが前述した経済と政治の二重依存・二重癒着のメカニズムである。現今の米国では、草の根だったはずの民主党と資本家層の共和党の位置がなぜか、逆転した。その根本的な原因はここにある。

いよいよグローバリズムの実態解析に入っていく。いわゆるディープステートは、グローバリストの集合体であり、グローバル化から利益を得ているグループである。経済や金融、ビッグテックなどの大企業が直接に利益を受けながらも、その一部をメディア、司法、立法、財政ないし軍に流し、必要に応じて分配していく。言ってみれば、横向きのトリクルダウン現象である。これにより、国家や社会全体を網羅するグローバリスト組合を形成する。

グローバル化をどのように捉えるべきか。今後の日本国家の基本戦略となる「主題」を定めるうえで、まず直面する重要な命題であり、明確な判断を示さなければならない。日本国内でも見解が分かれている。まず、中国とは隣国として可能な限り仲よくしようという意見がある。歴史的に日中間のビジネスパートナーシップを築き上げるには長い年月がかかったことから、大切にしようという主張は、埋没コストの概念に基づいている。過去の事業に投下した資金・労力はドブに捨てるべきではない。しかし、そこから「中国と可能な限り仲よくしよう」という結論をたやすく導き出せるのか。目的と手段の倒錯があってはならない。仲良くすれば、必ず日本の利益につながるのか。日本の利益のために、仲よくするのが唯一の手段なのか。複眼的な検証が必要だ。

5 中国との取引で利益は出ているのか?

資本主義の原点ともいえる自由経済とは、各経済主体の活動が各々の自由意志に任され、国家による干渉や規制を受けない経済体制である。商品は、市場における自由競争で取り引きされる。国は市場に介入せず、商品の種類や価格・量などは、市場の仕組みで決定される。しかし、トランプ政権は通商分野にとどまらず、コロナ禍を境に2020年後半からは中国系企業との取り引きに制限を加え、さらに中国系企業を追い出すまで一見資本主義の自由経済を否定するかのような奇策を次々と打ち出した。

世界各国は中国との経済関係を拡大・強化し続けてきた。世界の工場として安い人件費や優秀な労働力、そして整合されたサプライチェーンといった優位性により諸外国が中国に製造基地を次々と設け、大量の製品を世界に向けて送り出し、地球上の至る所に「Made in China」の製品が溢れた。「安かろう悪かろう」の代名詞的存在だった中国製品は徐々に「安くてよい」製品へと変身し、世界の消費者に多くのメリットをもたらした。まさに資本主義自由経済とグローバリゼーションがあってこそのよき出来事、つまり「善」であった。では、トランプ政権はなぜ、この「善」にけちを付け、これを妨害しようとしたのだろうか。

「安くてよい」製品を求めて何が悪いのか。経済的利益への追求は、資本主義の永久不変の法則。ただひとつの問いが常に付きまとう――「安いものはなぜ安いのか」。中国からの調達が安い。多くの国の多くの企業が中国に投資して基地を作ったり貿易をしたり調達を行う。こうして長年の取り引きを積み上げた結果、産業集積やサプライチェーンができた。いまさら、代替サプライチェーンの構築はコストがかかり過ぎ、困難だ。資本主義制度下の経済原理や法則に照らしても合理性に欠ける。コスト削減、経済的利益の最大化のためにも中国にとどまったほうがよい。それはその通りだが、「安いものはなぜ安いのか」という問いに答えられていない。この問いに目を向けてみよう。

第1に、知財権の侵害問題。研究開発には莫大な投資が必要だ。他人の知財を盗んでそのまま使えば、大きな投資コストが削減できる。すると、売値も安くなり、競争力が強くなる。場合によっては世界市場の制覇にまで至る。単純な経済原理や法則で安い商品を買って何が悪いかといったらそこまでだが、ルール違反や犯罪の手助けになっていいのだろうか。

第2に、国家補助・不正競争の問題。ブラックな知財権問題を抱える安売りだけではない。世界市場を手中にするため、国家がさらに金（補助）を出して特定の企業を支援する。資本主義の市場メカニズムなら原価割れの廉売はできない。企業が潰れるから。しかし、国家が裏にあれば、そんな心配はない。不当な廉価設定はいくらでもできる。安いものが売れるわけだから、市場の独占も可能になる。いったん市場を独占すれば、やりたい放題だ。これは到底公正な市場競争とはいえない。資本主義の原理に逆らうものである。

第3に、民主主義毀損の問題。市場独占は商業目的ならまだしも、政治的に悪用すれば、恐ろしい結果になる。SNSや電子取り引き分野におけるパフォーマンスの拡張は、地球上のいかなる地域にも浸透し、個人情報を意のままに入手する。ビッグデータを悪用し、国境を越えて個人の思想信条を監視・統制し、プロパガンダを繰り広げ、洗脳を行い、諸外国の選挙までコントロールする。ここまでくれば、独裁帝国による地球制覇も視野に入り、地球規模の民主主義崩壊につながりかねない。絶対に容認してはならない話だ。

第4に、労働搾取・人権侵害の問題。最近徐々に露呈し始めたウイグル人の強制労働に外国企業も関与しているという深刻な話。18世紀はイギリスで産業革命が発展し、綿織物工業が成長した時期だ。この綿織物は、世界市場で飛ぶように売れ、大きな利益が上がり、原料となる綿花の需要が高まった。当時の米国南部はこの綿花生産の一大地域で、プランテーションで400万人の黒人奴隷が労働力として酷使されていた。つまり、綿花経済と産業の発展、そこから生まれた莫大な利益という経済性を支えていたのは、非道な人権侵害だった。米国の南北戦争が終わり、奴隷制度が悪として否定され、批判され、廃止された。その後一時的に綿花産業の停滞（生産性、経済性の低下）があったものの、ついに機械化によって産業の再生となった。

一部の外国企業と中国との関係も、いささか歴史上のイギリスと米国南部の関係に重なって見える。ウイグル人の強制労働など人権侵害に絡んだ原料や資材、製品を調達し、これらをサプライチェーンに組み入れただけで、人権侵害への加担責任を問われかねない。これはもはやアパレル産業に限った話ではない。一般論として捉えるべきだろう。あらゆる産業や企業がこのような人権侵害問題を抱えるサプライチェーンを使っているだけで問題になる。原材料の供給部門である川上から最終消費者である川下に向けての供給活動の連鎖にクリーン性を確保しなければならない。経済と政治を切り離して「単なる商売だけだ。ほかは知らない」では済まされない。

日本国内市場も安い商品やサービスを無節操に追求する余り、ブラック企業の問題、つまり労働搾取の問題が浮上する。個別のブラック企業問題を広域的に捉えれば、その背後に見え隠れするのは、いわゆるグローバリズムの存在にほかならない。中国がグローバル経済を讃える一方、トランプは反グローバル化に走る。常識的に善悪を判断する前に、この命題の深層、闇の部分をみつめる必要があろう。

グローバリズムはいつの間にか、ポリティカル・コレクトネスの主題と化し、「カノン」のように、どんな当事者であれ、それに忠実に同調し、追随しなければならない概念となった。経済的取り引きがいつの間にか、政治化されてしまった。この実態を看過してはならない。グローバリズムそのものの善悪よりも、ルールの悪用が問題であり、それが制度的毀損につながり、自由民主主義社会の当事者には、多大な取り引きコストを押しつけている。

6 One World Two Systems、1世界1制度

中国市場へのアクセスを得るためには、中共の設定したルールに従わざるを得ない。そうしたルールは民主主義社会の価値観に反し、制度の毀損、長期的経済利益の毀損を招来する。しかしその反面、悪しきルールに逆らったものは、中国市場を失い、殉教者となる。つまり、順法コストが違法コストを上回る。これが違反者を続出させる根本的な原因である。殉教者は悲

惨である。

それを避けるためにも、あるいは資本主義の原理に従って利益最大化を図るためにも、結果的に信仰や信条、原理に背を向けざるを得ない。この二項対立の問題を解消するためには、妙薬が必要だ。その妙薬とは、グローバリズムである。諸種の正義で粉飾したグローバリズム――無論、グローバリズムには生来の良心や善意が付着し、一部その実効性も期待できようが――を担ぎ出せば、サタンとの取り引きも外見的な正義に裏打ちされる。

いまは、グローバル経済がルールの修復、メンテナンスを必要としている。浄化作業により「クリーン・サプライチェーン」を作り上げる。そんな時期に差しかかっている。つまり、サプライチェーンの棲み分けである。台湾系中国語メディアの間では、ある流行語がもてはやされている――「非紅供応鏈（ノンレッド・サプライチェーン、非赤供給網）」。要するに、共産政権である赤色中国以外の供給網のこと。

台湾・行政院の龔明鑫《きょうめいきん》政務委員は、「台湾経済は短期的に、米中貿易戦争からマイナス影響を受けるが、それで多くの台湾企業が投資を台湾に戻すから、国内では新たな産業集積が形成されるし、さらに東南アジアとの協力によって『非赤供給網』ができあがるだろう」との見方を示し、「台湾企業が東南アジアの国々で『赤供給網』以外のサプライチェーンを作り上げれば、向こう20年以内に、世界で中核サプライチェーンの役割を演じることになるだろう」と指摘した（2019年5月15日付け台湾・民視影音報道）。
「A or B」ではなく、「A and B」だ。「赤供給網」と「非赤供給網」の2系統のサプライチェーンが共存・並行する。中国が香港返還にあたって、世界初の「一国二制度」を打ち出した。サプライチェーンはあえてその二番煎じにして「一世界二系統」と位置付けるのも悪くない。数十年の平和共存を目指したところ、いざ途中で何らかの事情で「一国二制度」のように名存実亡になり、一系統に収束しても、それはそれでよしとする。

グローバル化のもとで、サプライチェーンは過剰に延伸し、広域化した。新型コロナウイルスの来襲でそのリスクが顕在化した。この教訓から学び、サプライチェーンの狭域短縮化、自己完結化、同盟化が喫緊の課題となった。といっても、「非赤供給網」は決して単一国家ではなく、複数の国・地域に分布するだけに、従来の中国一国集中のリスクが低減される。さらに連帯する各国は得意分野に応じて異なる役割を引き受けるという合理性がある。例えば、ベトナムやインドが労働集約型の製造基地となれば、日本や台湾はハイテク産業の中核を担う。日本海や東シナ海、南シナ海をまたぐ「第1列島線同盟」ＦＩＣＡを中心に展開する「非赤供給網」は、地域安全保障上のアドバンテージにもなる。

7 基本国策「Made in Japan 2025 with Taiwan」——脱中国・産業回帰・日本の再工業化

世界的にポスト・コロナの産業構造が大きく変わり、エッセンシャル・セクター（必要不可欠分野）への需要集約により、第三次産業が委縮する。日本の場合、第三次産業の労働者数は全産業の約75％を占めているというが、仮説としてその3分の1あるいは半分が余剰となった場合、受け皿をどう用意すればいいのか。これは経済や産業の課題である以前に、政治的課題だ。

日本の第三次産業は過剰である。ITの最先端を走ることができない以上、質的優位性を失い、量的過剰に陥り、世界的競争にすでに負けている。コロナ禍が単にこの問題を早期顕在化させただけだ。第三次産業の縮小から生まれる余剰人員の主な受け皿は、中国から撤退し国内回帰した一部の製造業（第二次産業）と高度化する第四次産業にほかならない。第二次産業の再興、つまり「再工業化」はこれから先進諸国にとって避けて通れない道である。

中共政権は自由資本主義世界と異なるゲームルールを持っている。この根本的な異質性を解消するには、政治体制の修正・改革が欠かせない。それができなければ、棲み分けが唯一の手段となる。トランプ政権はこの本質を見抜き、サプライチェーンの中国移出に取り組んだ。サプライチェーンの再構築により、産業を米国内に回帰させ、国家の「再工業化」に乗り出した。トランプ自身も「米国人労働者のために、仕事を取り戻す」というスローガンで労働者階級から大きな支持を得た。

日本では、安倍晋三首相（当時）は2020年3月5日に開かれた未来投資会議で、新型コロナウイルスの世界的な広がりを受け、「中国などから日本への製品供給減少によるサプライチェーンへの影響が懸念されるなか、一国への依存度が高く付加価値の高い製品は、日本への生産回帰を進める。そうでない製品も一国に依存せず、東南アジア諸国連合（ＡＳＥＡＮ）などへの生産拠点の多元化を進める」と述べた。時代の趨勢が明確である。外資の中国撤退、サプライチェーンの国内回帰（オンショア化）や再構築は避けられない。

もう1つの方向は第四次産業。第三次産業の委縮と他産業分野へのシフトだが、第一次と第二次産業に関しては、単なる量の増加、戦前復帰でなく、産業のグレードアップ、高度情報化といった質の先導が欠かせない。日本は、世界を見渡してもこの分野では出遅れている。ＡＩ、ＩｏＴ及びビッグデータにより第一、二、三次産業の高度化を促進し、産業間の波及効果が生まれれば、日本の産業社会は復活し、ルネサンス期を迎えるだろう。

第三次産業について、若干の補足をしなければならない。日本の第三次産業は過剰といったのは、需要と供給の関係からみたものだ。インバウンドに傾いたのも、国内需要の不足があってこその施策であり、言い換えれば、インバウンドは形を変えたサービスの輸出でもある。日本は内需主導型経済になっているのに、結局気が付いたら、輸出に頼らざるを得なくなっていた。

昭和時代の日本経済は確かに輸出主導ではあったが、それが旺盛な国内の設備投資と雇用創出を前提にしていたことを忘れてはいけない。海外からの受注増に応えて国内での工場の建設や生産能力の拡充が行われ、長期安定雇用が可能になり、連鎖的に国内労働者の所得が増え、国内消費市場の拡大につながった。つまり、輸出主導型経済とはいえ、実はフィジカルな生産活動によって支えられる内需がその原動力となっていたのである。

もう少しわかりやすくいえば、「Made IN Japan」の「IN」というフィジカルな生産属地性がキーだったのである。しかし、いざ製造業が中国に移転してしまうと、「Made IN Japan」が「Made BY Japan」になった。「IN」と「BY」の差は大きい。この転換によって、「IN」の恩恵を中国が受けることになり、「Made IN China」が世界市場を席巻した。中国経済は投資、輸出と国内消費（内需）という3つのエンジンで動いている。米中冷戦によって、いまの中国は投資と輸出がクラッシュし、最後のエンジン、国内消費だけが頼りになる。中国の国内消費市場は壊れていない。ただ、国内消費を動かす燃料の不足が目立ち始めた。燃料はどこからきているかというと、投資と輸出であった。旺盛な投資と膨大な輸出で得た金を消費に回すわけだ。

最近、中国国内では「内循環」が盛んに語られている。要するに、中国経済という飛行機の機内で燃料を作り出し、その燃料を国内消費というエンジンに送り、飛行機を飛ばし続けることだ。燃料をどう作り出すか。産業が必要だ。中国の基幹産業は何かというと、不動産である。不動産が基幹産業で繁栄する国家は世のなかに存在しない。中国にはできるのか。最近大手不動産開発会社の資金ショートが目立ち、地方政府の土地売却による収入も細りはじめ、金が回らなくなってきている。結局これも燃料問題だ。

もう1つ、中国の基幹産業になりかけていたのはＩＴハイテク産業。キャッシュレス決済とかｅコマースとかで日本をリードしているというが、結局運用ソリューションにすぎない。肝心な技術基盤を持っていない。

投資、輸出と内需の関係は、このように中国の事例からも説明できる。インバウンドといったサービス業の「外需」を頼っても、ホテルや小売業といった一部の業界や企業しか潤うことがなく、日本経済は全体的に活性化できない。しかも、コロナ禍のようなリスクには弱い。製造業が国内回帰せずに、いつまでも海外を頼っていたら、どんなに設備投資や雇用を増やしても、お金はすべて外国に落ちる。日本人はどんどん貧しくなるだけだ。国内消費に回せる十分なお金がなければ、国内消費市場が委縮する。需要が低迷すれば、過剰な供給が行き詰まり、過酷な価格競争に陥る。コスト削減に追われる企業は、労働者を酷使せざるを得なくなり、ブラック企業化する。

日本人の所得を増やすためには、産業構造だけでなく、様々な仕組みを変えなければならない。脱中国・産業回帰・日本の再工業化、そして共通善という価値基盤に基づく「Made in Japan 2025 with Taiwan」を、5か年計画というタイムスパンをもって、今後の日本の基本国策とするべきであろう。中共が推進するいわゆる「人類運命共同体」は、金銭的実利をベースとするものだとすれば、日本と台湾が築くべきは、共通の価値観、共通善をベースとした戦略的パートナーシップである。最終的に共通善による結びつきは、取引コストの低減、持続可能な相互関係の維持、ひいては共存共栄に基づく相互利益の最大化につながるからだ。

8 「統一戦線」に対抗、中国浸透工作の排除

ヒト、モノ、カネ、情報におけるリスク・危機管理やコンティンジェンシープラン（緊急時対応計画）のあり方を概観的に考察したい。

その大前提はまず、「平時」と「有事」の区分。中共政権は、常時有事体制を取っている。

中国国防動員法は、一言でいえば「全民皆兵」の戦時体制を裏付ける法律である。軍民結合（軍民一体化）、平戦結合（平時戦時一体化）、寓軍於民（軍の民への浸透、軍民一体化）という戦略思想のもとで、軍民互換性の高度化が進み、民間企業を包摂する「民」の有事における動員体制がその背景となる。

中共は「政権は銃口から生まれる」原理原則のもとで、政権の奪取から支配体制の維持まで常時有事モードで対応してきた。一方トランプは、民主主義をベースとした平時モードに固執し、戒厳令発令や反乱法発動、軍事法廷の設置といった有事手段を選択肢から排除し、平時と有事のモード切り替えに踏み切れなかった。それも敗因の1つだった。

20世紀の１９９０年代初頭、ソ連と東欧共産圏の崩壊を見届け、世界が共産主義の終焉を喜んだ。冷戦終結は、有事から平時への移行を誤って宣告したものだ。ニュールンベルグ裁判にあたる総括はなかった。共産主義者の基本は「闘争」、つまり「有事」であり、彼らの辞書には「平時」は存在しない。

マルクス主義の基本は、階級闘争。社会を分断し、分断された集団間の闘争を利用し、政権を奪取したうえで、特権階級のための新たな秩序を構築する。階級闘争の基本は、人間の格差意識。社会主義者は、あらゆる「差異」「区別」を利用し、「格差意識」を作り出し、拡大解釈し、プロパガンダで煽動し、社会に対立を植え付ける。性別や人種だけでなく、バイセクシュアルやトランスジェンダー、職業、身分、教育などあらゆる差異を格差意識の素材にする。

左傾化教育のもとで、人間のストレスや怠惰本能が、格差意識の燃料に変わる。些細な偶発的な事件が意図的に拡大解釈されれば、たちまち引火する。ポリティカル・コレクトネスとされる平等の実現、格差の消滅を図るうえで、犯罪を含めてあらゆる手段が正当化される。社会主義者には従来の倫理道徳を破壊する必要があるからだ。そこで大麻自由化やフリーセックスやら、人間の欲望が放出する。

それは自由ではなく、社会に無責任な放縦にほかならない。この放縦堕落者には、社会主義者は福利をばら撒く。頑張って努力する者、正直者が馬鹿を見る社会ができ上る。中流階級が減り、堕落者下層が増えれば増えるほど、依存性増長で政府に頼り、福利を必要とする。そこでマジョリティから票が積み上げられ、社会主義者は恒久的に特権階級の座に居座ることができる。

気がつけば、大多数の貧困層と少数の特権階級からなる究極の格差社会ができあがる。それが形成されたとき、時すでに遅し。あらゆる国家資源を掌握した社会主義特権階級は、歴史上のどの時代よりも、その支配がはるかに効率化している。ＩＴやＡＩが発達し、ビッグデータを掌握した支配者は、リアルタイムで国民一人ひとりの思想・言論の統制が可能になり、いかなる反抗も許されない。

２０２０年米国の選挙不正は、明らかな証拠が数多く浮上したにもかかわらず、三権分立の構図が機能せず、第４の権力ともいわれるメディアまで情報統制、言論の自由に対する封殺に加担した。この「四権癒着」の根底にあるのは、社会主義者の浸透にほかならない。グローバル化という経済的利益を餌に、政治的浸透を進め、ついに結実させた。その主たる手段の１つは、「統一戦線」（略称「統戦＝トンツァン」）である。

「統一戦線」とは、様々な取り引きから生み出される利益を共有する相手を取り込み、そこで作り上げた利益共同体のことである。ちなみに中共の組織図には中央統一戦線工作部（略称「統戦部」）という専門の組織があり、この重要な仕事を担当しているのである。「統一戦線」とは通常、組織対組織の活動だが、中共は面白いことに、対組織「B to B」と並行して対個人「B to C」の場合が多い。

相手の組織との協力関係の構築よりも、利益共同体を前提とするキーパーソンとの関係構築を最重要としたりする。その相手は外国政府の首脳や要人あるいはその一族や関係者だったり、有力な政治家だったり、財界の要人や大企業の経営者だったり、メディアや金融機関、シンクタンク、大学・学術研究機関のキーパーソンだったりする。手段としては、ＢＭＷ（Business, Money, Women）という三種の神器が使われる。堕落した証拠を押さえられれば、当事者はいいなりになる。

中共による浸透工作の排除は、国益の維持、正しい政策の形成と実施における大前提である。米国同様、日本も浸透工作から利益供与を受けている政治家や企業家、学者等の関係者を洗い出し、排除する必要がある。台湾も同じ状況に直面している。いや日本より深刻かもしれない。グローバル化の下で経済が中国大陸に強く依存する一方、中共の脅威にさらされ、葛藤を抱えながら、苦闘してきた。

9 「中国は信用に値しない」という台湾の原理原則

新型コロナウイルスとの第1フェーズの戦いで、台湾は完勝に近い秀逸な成績を叩き出した。その一連の取り組みは、「台湾モデル」として国際的にも高く評価されている。台湾がどのような原理原則に従って行動したのか。何よりも、「中国を信用しない」という一点に絞られる。

忖度どころか、そもそも中共政権はまったく信用に値しないため、主体的に情報を探り、少しでも疑点があれば、直ちに性悪説的に捉え、防御体制に入る。台湾のメディアでは、防疫政策を語る際に必ず出てくる用語は、「超前部署（先手先手の対策を講じる）」。2020年5月20日蔡英文総統は2期目総統就任演説のなかで、次の4年に向けての基本姿勢について「超前部署、脱胎換骨」という8文字で総括した――「私は必ず先手、先手の対策を講じ、台湾を徹底的に生まれ変わらせる」。

日本なら「日本を取り戻す」を標語とし、トランプは「Make America Great Again（米国を再び偉大な国に）」と、ひと回りスケールの大きいものを掲げた。いずれも参照対象となる栄光に満ちた歴史があった。しかし、蔡英文総統が「台湾を徹底的に生まれ変わらせる」と絶叫するのは、このような参照できる輝かしい過去が存在しなかったからだ。

1911年の辛亥革命を経て、1912年1月に中国大陸で建国した中華民国は、戦乱の歴史で辛酸を嘗め、やっと第二次世界大戦の終戦を迎えたところで、国共内戦が激化し、ついに大陸から台湾に放逐される。一難去ってまた一難、1970年代には国連からも追放され、日米をはじめ主要国との国交が断絶され、世界の「孤児」に転落。李登輝元総統は国民党による一党独裁体制を解体し、強力なリーダーシップで台湾を民主化へと導いた。

しかし、最大規模の民主主義華人国家として栄光を浴びる暇もなく、経済的な中国依存が強まり、グローバル経済のなかでも、世界の表舞台に躍り出るチャンスに恵まれなかった。中共政権の圧力や金銭的攻勢でほとんどの国際機関から追放され、国交のある国はわずか15か国にとどまる（2021年2月現在）。中華民国台湾の歴史はまさに苦渋の歴史であって臥薪嘗胆の歴史でもあった。

ついに転機が訪れた。WHOに排除された台湾は、自力の奮闘で新型コロナウイルスとの戦いで世界屈指の好成績を叩き出した。さらに米中冷戦が繰り広げられるなか、台湾のプレゼンスが格段に向上し、トランプ政権が主導する「非赤サプライチェーン」のリーダー役になったのである。ポンペオ米国務長官（当時）は2020年7月23日、カリフォルニア州のリチャード・ニクソン図書館での演説で、ワシントンの新しい対中（共産党政権）基本姿勢を打ち出した――「distrust and verify（信用しないこと、かつ検証すること）」。

米ソ冷戦時代のレーガン米大統領が対ソ姿勢に「trust but verify（信用するが、検証もする）」を提唱していたが、中共の脅威がすでに冷戦時代のソ連を凌駕した証として捉えられるべきだろう。「distrust and verify」――よくみると、台湾が取ってきた対中基本姿勢の焼き直しだったのではないか。中共のことをそもそも最初から信用しない。常に疑い、検証をする。それが台湾だった。

10 日台連携によるシンクタンク・メディア・産業支援複合機構の構築

蚕食鯨呑。社会主義勢力による米国等民主主義諸国に対する浸透。蚕のように桑の葉をじわじわと少しずつ食べていき、いよいよ最終段階に差しかかると、鯨のように魚を丸呑みにして一気に成就する。2020年の米大統領選に絡んだ一連の出来事は、臨界点を示す最終的警鐘を鳴らした。本稿では、日本と台湾はとりわけ情報や経済産業分野において、本格的なアライアンスを組む必要性を訴えてきた。それが官民のどのレベルにおいてどのような形態を取るべきかは、実務的な議論に委ねたい。

仮説として、「第1列島線同盟タスクフォース（FICAT = First Island Chain Alliance Taskforce)」という専門家集団・組織が設立されるとすれば、それにどのような機能を付与できるのか。少し踏み込んで提案したい。

「distrust and verify」、台湾の対中姿勢が日本にモデルを示してくれた。情報・インテリジェンス（諜報）分野における日台の協力「ツー・アイズ（Two Eyes)」は大きな可能性を秘めている。河野太郎防衛相（当時）が「ファイブ・アイズ」との連携拡大に意欲を示した。英米カナダ豪ニュージーランドというアングロサクソン系による機密情報共有のフレームワークに加わるには、日本にとって法整備や信頼関係の蓄積、情報収集・分析力、文化的要素などハードルが高い。

そうした意味で、まず台湾との協力「ツー・アイズ」がカジュアル版としてより現実的ではないだろうか。何もスパイと思わせるような諜報活動でなくとも、公開情報に基づく共同の情報収集・分析、意見交換作業だけでも十分に意義がある。特に対中のフロンティアに立つ台湾であれば、中国語情報の処理能力や中華文化に対する感性が高く、日本にとってプラスが大きい。

この「ツー・アイズ」による情報処理作業から生まれる成果物や副産物はリサーチ用途だけでなく、メディアの発信コンテンツにもなり、価値を高めることができる。いってみれば、シンクタンクがリサーチにとどまらず、メディア機能も持ち合わせることだ。トランプが失敗した最大の原因の1つは、大手メディアに言論を封殺されたことだ。気が付いたら、大統領の声を国民に届けてくれる大手メディアは皆無だった。これを教訓にこの際、日本は台湾と協力しながら、独自の保守系メディアを創設すべきであろう。

シンクタンク・情報メディアをベースとした機構として、「第1列島線同盟タスクフォース（FICAT）」は日台の産業界に実務的支援を提供する。とりわけ、脱中国、産業回帰、非赤サプライチェーンの構築がキーワードとなる。まずは2025年を1つのタイムスパンとして捉えれば、ロードマップも描きやすいだろう。

マクロ・レベルにおけるサプライチェーンと産業戦略のもとで、優先分野と段階的推進フェーズを決め、特定の案件グループを実務レベルに落とし込んでいく。企業個別の経済的利益や経営判断を尊重しつつ、産業戦略の方向性を踏まえ、官民一体・日台一体の運命共同体を構築し、タスクを遂行していくことが重要である。

例えば、半導体は台湾の中核・基幹産業であり、日米欧ないし世界の産業に重大な影響を及ぼす。そこで、中国による台湾侵攻という有事を想定すれば、リスク分散が欠かせない。世界最大の半導体受託製造会社である台湾積体電路製造（ＴＳＭＣ）がすでに米国に工場を建設すると発表した。

これに対してアリゾナ州と米国政府からは、何らかの「支援」が行われるという。地理的優位性をもつ日本も早い段階でパートナーシップの構築や政府支援を実務レベルで検討し、アクションを起こすべきだろう。もう少しミクロ的に考えよう。東南アジアを中心とした日台連携は、部品供給や製造請負から、商品開発・現地市場への参入、さらに人的資源の共有、企業内生産性の向上まで、広域にわたり大きな可能性を秘めている。

第8章

テクノロジーにフォーカスすべき日本と台湾の新外交戦略

国立政治大学国際事務学院日本研究プログラム教授
李世暉

李世暉（り・せいき）　１９７１年、台湾高雄生まれ。経済学博士。京都大学大学院経済学研究科博士、慶應義塾大学ＳＦＣ研究所上席所員、慶應義塾大学大学院政策・メディア研究科特別招聘教授、同志社大学経済学部客員研究員などを経て、国立政治大学（台湾）国際事務学院日本研究プログラム教授、国立政治大学当代日本研究センター執行長、台湾科技部台日科学技術連携推進オフィス主任。専門分野は日本の産業政策、日本の経済安全保障。台湾における日本の社会科学研究発展に邁進、台日双方の学術およびテクノロジー交流の促進に取り組む。著書に『日本の国家安全保障の経済的視角：経済安全保障の観点から』『日本研究の転換と再建：社会科学分野における学術対話』『現代の日本外交』『現代の日本政治と経済』『現代日本外交』など多数。

要綱

米中貿易戦争、新型コロナウイルスの世界的な大流行により、日本と台湾は過去100年間に経験したことのない変局とリスクに直面している。そのなかで、日本と台湾の国家戦略にとって、重要かつ鍵となる地政学（ジオポリティックス）および地経学（ジオエコノミクス）上のリスクは、台頭する中国の経済・軍事動向、及び深刻化するテクノロジー冷戦である。

このような100年来の変局とリスクに対し、台日外交戦略での具体的な協力の推進方針は以下の4項目にある。1つ目は、「台日第三国市場協力委員会」の機能をさらに深化することと。2つ目は、福島など5県産食品の輸入問題に対して適切に対処すること。3つ目は、新世代の知日派と知台派の人材を育成すること。そして4つ目は、台日テクノロジー対話プラットフォームを創設することである。

1 100年来の変局とリスク

1918年に起きたスペインかぜ（Spanish Flu）により、4000万から5000万人もの命が失われ、当時の世界を取り巻く政治と経済の流れも変えた。100年後の2020年3月11日、新型コロナウイルス（COVID-19）の流行は世界的な大流行である「パンデミック」に認定され、2021年の1月までに、感染者は1億人を突破し、220万人を超える人々が亡くなった。

新型コロナウイルスの蔓延は、世界的な政治・経済・社会に大きな影響をあたえている。各国の国家安全と経済発展は深刻な影響を受けている。これまでにない状況に有効に対処するため、外交政策には地政学的リスクを想定し、対策の取り組みを全面的に考え、戦略的安定と発展を維持しなければならない。この100年来の変局のもとで、日本と台湾が直面する地政学的リスクは、主要的なリスクと副次的なリスクに分けることができる。

日本と台湾の国家戦略にとって、最も重要、かつ鍵となる地政学および地経学上のリスクは、台頭する中国の経済及び軍事動向である。経済面においては、日本と台湾はともに中国への経済依存が高く、中国の市場及び経済政策の変動は日本企業と台湾企業双方の収益に直接左右し、両国の経済情勢に影響を与える。

また軍事面においては、中国は継続的に周辺海域での権利を主張し、海軍と空軍の活動分野を積極的に拡大している。2021年1月に「海警法」が可決したが、海警が「中国の管轄海域」での武器使用を許可するものであり、日本と台湾が中国の軍事的圧力に直面することになる。

南シナ海においては、中国が考えるシーパワーの発展に伴い、当海域における島嶼主権、海域区分、および関連する海上権益などの衝突が激化している。中国の海上進出を牽制するため、アメリカは南シナ海での「航行の自由作戦」をより強化し、当作戦を台湾海峡までに拡大すると発表した。日本のインド太平洋構想では、南シナ海から台湾海峡またはバシー海峡を経由して日本に至る太平洋航路は、日本経済の生命線に関わる「海上生命線（Sea lane）」である。

副次的なリスクは、「テクノロジー冷戦（technological cold war）」の台頭である。

２０１８年３月から始まった米中貿易戦争によって、グローバルサプライチェーンの運営モデルに課題と障壁が生まれた。米中貿易戦争が白熱化する中、中国の対米輸出コストが上昇し、日本と台湾企業の収益に直接打撃を与えた。

また、米中貿易戦争の影響下で、次世代の通信技術（５Ｇ）と人工知能（ＡＩ）を中心とする将来の産業分野は、必然的に安全保障を含み、２つの市場形態が生まれる。それは、「チャイナスタンダード（中国基準）」と「非チャイナスタンダード」である。そして経済安全保障の考えのもとで、関連産業の製造過程には２つの相容れないサプライチェーンが起きる。

テクノロジー分野ではすでに国際政治上においての競争段階にあるので、多くの「戦争」はすでに以前のような兵器で行わず、テクノロジーの応用で衝突が発生する。よって、この「テクノロジー冷戦」は「誰が定義するのか、誰が未来のテクノロジーモデルをコントロールするのか、誰が議題構成を決めるのか」であり、すでに国際政治における重要な外交問題となっている。日本と台湾はテクノロジー分野での重要な戦略的地位に属するので、テクノロジー冷戦という大きな環境を迎えるにあたり、テクノロジーにおける双方の協力をさらに強化する方法を考え、台湾と日本で「テクノロジー外交」のうえで新たな協力を確立するべきである。

特筆すべき点は、日米同盟を基盤とする日米安全保障体制は、東アジア、さらにはアジア太平洋、インド太平洋地域を安定させる公共財と見なされている。日米安保体制下では、以前はアメリカ太平洋軍（現在はインド太平洋軍に名称変更）が弾道ミサイル防衛、海上交通の保護、並びに離島防衛などを主導していた。

しかし、日本の集団的自衛権が行使容認され、自衛隊がこれら防衛事項においての重要な役割を徐々に果たしている。日本と台湾にとって、東シナ海、台湾海峡、南シナ海の平和と安定は、双方が憂慮すべき課題である。

一方、中国が考えるシーパワーに際し、台湾と日本の安全保障における協力は、安全保障対話や重要な技術移転（潜水艦技術等）など、多くの分野での協力の余地がある。また、テクノロジーの諸問題は安全保障と経済発展が同時に関連するため、台日はテクノロジー産業における協力メカニズムを拡大そして深めることにより、互いの共通利益の上で新しい協力モデルを創出することができる。

2 日本と台湾の外交戦略

(1) 日本の課題

日本が直面する地政学的・地経学的なリスクに際し、日本が取るべき外交戦略の政策方向は、以下の2つの側面を通じてさらに分析することができる。

まず、地政学上の意義を明確にすることであり、2洋（太平洋とインド洋）、3海（東シナ海、台湾海峡、南シナ海）と日米同盟を重視することである。この外交戦略の思考は、中国の海洋進出に対しての牽制であり、「自由で開かれたインド太平洋」の枠組みを通じて、日米安保体制の更なる強化以外に、既存の安全保障対話を維持し、共同演習や訓練を拡大することに加え、「自由で開かれたインド太平洋」の枠組みを通じて、イギリス、フランスなどのヨーロッパ諸国、そしてASEAN諸国などとの対話メカニズムを確立する。

次に、地経学と非伝統的安全保障とテクノロジーの重要性を強調する。日本はこれからも「政府開発援助（ODA）」を軸として、日本が有する国際金融のネットワーク（IMF、世界銀行、アジア開発銀行）との連携を図り、インド太平洋地域諸国が「品質のある」経済成長を得ることに協力する。その他、日本はテクノロジーの研究開発を通じて、友好国同士でテクノロジー分野での国際スタンダードを制定することもできる。

また具体的な外交政策の観点から、安全保障の側面と、経済とテクノロジー外交の2つの側面から分析することができる。

まず、安全保障の側面から分析する。ここ数年、東アジアの安全保障には2つの重要なキーワードがある。

1つは非核化であり、もう1つは列島線である。非核化とは朝鮮半島の平和と非核化で、主要アクターは中国、アメリカ、日本、韓国と北朝鮮である。中国は朝鮮半島での平和と非核化などの諸問題に対して、多大な影響力を持っている。

列島線とは、中国と周辺国家の東シナ海、台湾海峡、南シナ海での対峙を指す。海軍と空軍の実力が日に日に増強する中国は、シーパワーの大国であるアメリカが築き上げた太平洋地域での列島線を突破したいと切望している。このような現状下で、中国、アメリカ、日本と台湾が主要アクターとなる。朝鮮半島情勢と日本周辺海域での潜在的な衝突を緩和するために、日本は外交ルートで首脳会談や多国間メカニズムを通じて、2国間、地域間そして国際社会での様々な課題に対して対話を行うことができる。

次に、経済とテクノロジー外交の側面から分析する。世界規模での感染拡大が続くコロナ禍と米中の貿易衝突に対処するため、日本は自国の経済影響力を発揮することで、経済外交によって国際経済組織を改革、及び地域的経済統合を推進（ＲＣＥＰの履行、ＣＰＴＰＰの拡大と日中韓ＦＴＡの交渉を推進）することができる。

注目すべき点は、国際経済の歴史的な流れを観察すると、毎回の経済危機が東アジアでの経済協力を大幅に促進させた。例を挙げると、１９９７年からのアジア通貨危機と２００８年の世界的な金融危機は、東アジアでの経済統合を推し進めた。したがって、厳しい国際経済環境と重要テクノロジー産業のサプライチェーンが「供給不足」に陥ったとき、経済とテクノロジー外交は日本の国家競争力を維持することに有益である。

(2) 台湾の課題

台湾にとって、対外関係の中で最も重要な課題は、如何にして台米関係と台日関係に対処するかである。そしてこの考えと政策は、台湾の外交戦略においての軸になる。まず、台米関係から分析する。アメリカのトランプ前大統領は、任期中に中国経済とテクノロジーの脅威を謳った外交戦略を軸として、半導体分野における台湾の競争力は、台湾を国務省とホワイトハウスの戦略優先課題として定義付けた。

この発展は、アメリカ国民の間での台湾の知名度を大幅に高めただけではなく、台米関係もいままでにない発展を迎えることができた。そして人権を重視するバイデン大統領の任期中、米中の対立はこれからも続くとみられる。台湾の対米外交戦略は、経済の安全保障での協力のうえで、自由と民主主義における台湾の重要性をより強化することができる。

次に、台日関係から分析する。いまの台日関係は3つの大きな山場を迎えている。それは、福島など5県産食品の輸入問題、地域的経済統合と対中国政策の3つである。福島など5県産食品の輸入問題に関して、台湾はこの問題と正面から向き合うべきであり、対話の場を通じて解決策を模索する必要がある。

また日本にとって、目まぐるしく発展するグローバル化を迎え、台日間の交流を直視し、もはや民間交流だけに頼ることはできず、政府も積極的に役割を果たすべきだ。したがって、伝統的な経済産業領域以外に、台湾は積極的に日本との2国間協議の制度化を拡大し、例えばコロナ感染の拡大を防ぐ公共衛生プラットフォーム、食の安全を確保する対話プラットフォーム、テクノロジー冷戦下におけるテクノロジーの対話プラットフォームなどの確立である。

地域的経済統合の課題に関して、台湾は日本が主導する「包括的および先進的な環太平洋連携協定（CPTPP）」への加入を強く希望しており、また東南アジアにおける台日両国の協力を通じて、台湾は新南向政策を確実に履行したいとも考えている。

これらの目標を達成するために、台湾は日本のニーズを理解したうえで、互いに協力できる項目を示し合わさなければならない。したがって、台湾はまず様々な分野での日本研究を国内で行い、日本のテクノロジーや産業政策、東南アジアにおける企業ネットワーク、産業競争における利点と欠点などを知り、実証研究を通じて両国が地域的経済統合で協力が可能な産業領域を模索するべきである。

対中国政策の課題に関して、最大の特徴は台湾と日本ともに、中国は脅威と機会が同時に存在する国であり、対応を間違えてしまうと、安全保障上の極めて大きな衝撃になってしまう。台湾にとってみれば、それは国家の存亡に関わるほどの衝撃である。

したがって、対中国政策の課題に関し、台湾と日本は同時に中国からの脅威と機会を直視するべきであり、とりわけ経済や産業、防衛や安全保障においてより柔軟な協力と対応策を講じる必要がある。特に米中の貿易衝突とポスト・コロナ時代の地政学的・地経学的なリスクに際し、台日は関係分野での対話をより進め、互いの政策に歩み寄り、ウィンウィンの関係を作っていくべきだ。

3 台日外交戦略での具体的な協力を推進

(1)「台日第三国市場協力委員会」の機能をさらに深化

新南向政策の枠組みのもと、台湾と日本は2018年6月に「台日第三国市場協力委員会」を初めて開催し、今後協力可能な市場（主にASEAN諸国）と産業協力などで意見交換を行い、台日企業が第三国市場の協力を促す環境を構築する。そして台湾の対外貿易発展協会も同年に「台日企業ビジネスチャンスマッチング大会」を開催し、双方の交流プラットフォームを創設するなど、台湾で生産された部品を日本のメーカーによって加工と組み立てをした後、第三国で販売することができる。

しかし、台日企業が第三国市場での協力に影響を与える重要要素は、やはり企業の収益である。言い換えれば、もし第三国市場に利益が存在したら、双方の政府が前面に出る必要はなく、台日企業は自然に協力関係を築くだろう。採算が合わなければ、政府がどんなに頑張っても、台日企業が互いに協力する意味は薄れる。

よって、政府機能を備えた「台日第三国市場協力委員会」は、政策面での協力を模索する必要があり、両政府の直接的及び間接的影響力を借り、台日共同で第三国のインフラ設備や工業団地などの建設を共同で支援するなどの方法がある。このような方法で、日本が東南アジアやインドにおける影響力を高めるだけでなく、台湾企業が当該地域での投資リスクを減らすことも可能だ。

⑵ 福島など5県産食品の輸入問題に対して適切に対処

台湾は2011年より福島、茨城、栃木、群馬、千葉を含む5県すべての食品に輸入規制を課して以来、この問題は台日間の経済や貿易、政治面などでの交流を行う際の大きな課題（あるいは障壁）となっている。

日本は、様々な科学的エビデンスや政財界のチャネルを通じて、台湾の輸入規制措置を解除してほしいと望んでいるが、この問題は、2018年の地方選挙および住民投票の過程で政治問題と化してしまった。言い換えると、福島など5県産食品の諸課題は「米国産牛肉」の問題と同様、政治力によって解決されなければならない。

「東日本大震災の放射能汚染地域からの食品輸入の禁止を続ける」この住民投票の効力は、2020年の11月末で切れた。台湾は米国産牛肉を解禁した経験を参考にし、政策決定を下す際には「政治経済の兵棋演習（シミュレーション）」を実施すべきであり、最もコストが低い（あるいは効果が最も高い）適切な政策を企画する必要がある。

より大切なのは、日本もまた、台湾が輸入食品の規制を解除する際に背負う高度な政治的リスクを理解し、日本は台日関係において台湾の存在価値は「米国に劣らない」という考えを示さなければならない。

(3) 新世代の知日派と知台派の人材育成

世代交代の流れの中、将来の台日関係が直面する政治経済の課題は、新世代の窓口に頼らなければならない。過去のベテランかつ名声を博した知日世代は、自身が作り上げた日本との広い人脈を通じて、台日の緊密な発展に尽力した。

同じく、日本の知台人材にも同様の課題を抱えている。特に日本と台湾の新世代の政治家が急増する過程で、双方は新世代の知日派と知台派の人材を育成し、新世代の政治家との良好かつ緊密な相互関係を確立しなければならない。

例を挙げると、台湾は日本外務省の取り組みを参考にし、日本事務に精通している新世代の大学教授を招聘、そして専門調査員として台北駐日経済文化代表処の要職に政務外交官をつけるべきだ。安全保障や外交機関に協力するとともに、政務外交官と大学教授の2つの役職を通じ、日本の次世代政治家との友情を築き、人的ネットワークの世代交代を実現することが可能になる。

⑷ 台日テクノロジー対話プラットフォームを創設

台日間のテクノロジーの協力体制は、2000年に入ってから停滞している状況である。現在は、一部の研究開発法人と大学の間で協力体制が残っている。双方の外交窓口との交流の中で、テクノロジー交流は通常経済交流の下に属し、たびたび軽視され続けた。この影響により、いままでの台日のテクノロジー協力は、実行面での技術協力に重点を置いた。

そして2016年から、日本政府は科学技術政策の底上げを積極的に行った。同時に、日本の「総合科学技術・イノベーション会議」は「ソサエティー5・0」という考えを提唱し、テクノロジーと産業と外交の3つを統合した重要概念である。

これらを考慮して、台湾は半導体材料、スマート医療、そして5Gなど情報通信技術領域で、日本の「ソサエティー5・0」を基に、双方の共通ニーズに応え、産学官のリソースを統合し、テクノロジーの共同研究開発を行い、将来の社会問題の解決に尽力し、台日双方のテクノロジーと産業分野での国際社会への影響力を高めていくべきである。

近い将来、台日経済貿易会議のモデルを参照し、台日間のテクノロジーの協力体制を再開するべきである。まず、台日双方はシンクタンクによって協力の窓口を創設し、シンクタンクの名義で協力意向書を締結する。次に、プラットフォームを作り、年に一度テクノロジーの対話

（台北、東京で開催）を行い、双方が優先すべき共通課題とテクノロジーに関しての対話を行い、協力のためのリソースを投入する。最後に、台日テクノロジーの協力モデルを特定分野に拡大し、台日経済貿易の協力モデルを参照し、最終的に台日科学技術協力協定を締結する。

特にＡＩテクノロジーにおいて、今後の台日双方は大きな協力機会が存在する。日本政府はＡＩ社会の到来を受けて、２０１８年５月に「人間中心のＡＩ社会原則検討会議」が設立され、ＡＩテクノロジーの応用は「人間中心」の原則に沿わなければならないと強調した。

日本は自身の外交影響力を生かし、ＥＵ加盟国とともにＯＥＣＤ（経済協力開発機構）で「民主主義の価値観を尊重するＡＩの応用」原則を採択した。

また、２０１９年の大阪G20サミット「貿易・デジタル経済大臣会合」の開催期間中、日本が主導して「信頼できるＡＩの国際協力、及び信頼できるＡＩのグローバル技術基準を構築する」原則を採択し、大臣会合後の首脳宣言に盛り込まれた。

この首脳宣言は中国のＡＩ政策及びＢＡＴ（Baidu, Alibaba, Tencent）のビッグデータ応用政策の共同声明と、台日双方の国益に完全に合致している。日本と台湾はともに民主国家であり、持続的にＡＩ産業に投資している。このような台日友好な雰囲気のもとで、双方が関連分野での協力を進めることは、両国の外交、テクノロジー、産業における国際的な影響力を生み出すであろう。

あとがき

２０２１年４月16日にワシントンのホワイトハウスで行われた菅義偉首相とバイデン大統領の初めての対面方式による日米首脳会談で、52年ぶりに「台湾」が共同声明に明記された。まさに「台湾有事」に日米が共同歩調をとる、との強いコミットメントであった。

ただ、この「有事」は必ずしも、将来の軍事衝突への懸念だけを指しているのではあるまい。すでに起きている台湾海峡や周辺海域における、中国人民解放軍の明確な軍事威嚇、新型コロナウイルス感染症の脅威も実のところ、「有事」ととらえているはずだ。

台湾や日本を含む北東アジアは２０２１年のいま、第５章において、元空将で日本安全保障戦略研究所の小野田治上席研究員が指摘した１９９５〜１９９６年の第３次台湾海峡危機にも匹敵するか、それ以上の危機に陥っているといっていい。

21世紀の「有事」は武力だけではない。第３章で日本安全保障戦略研究所の髙井晉理事長が論考しているように、中国は「輿論戦（世論戦）」「心理戦」「法律戦」の３戦を外交・安全保障政策の軸に据え、背後に鎧をチラつかせる戦略なのだ。

中国や北朝鮮、ロシアという覇権主義国家に、日米など民主主義国家が対峙する最前線が日本、台湾、フィリピン、マレーシアに至る第１列島線として重要性を増していることは、元陸将で日本安全保障戦略研究所の樋口譲次副理事長も指摘している。

1995〜1996年の海峡危機の際、現役の台湾総統であった李登輝氏は、後に「事態を常に分析し、有事と判断できるかどうか、そして有事と判断した後の行動力こそが国家のリーダーの資質だ」と私の取材に語った。現在はすでに、「平時」ではない。

民主主義や人権、自由という価値観を共有する国際社会は、この「有事」にどう立ち向かえばいいのか。東アジアにあって権威主義の強権国家と直接、対峙している日本や台湾は何をどう防ぎ、いかに進んでいくべきなのか、提言をまとめたのが本書だ。


民主社会が保証されていたはずの香港での中国共産党政権の暴挙が、次は海を渡って襲いかかってくるリスクは、日に日に強まる。まさにいま、最前線にある日本と台湾の覚悟が問われており、東京大学の阿古智子教授の考察が極めて重要になる。

日本からみて、台湾との関係を明確にする法的措置がなんら存在しないなかで、米国が1979年に制定した国内法「台湾関係法」に相当する規定を、日本が早急に立法化する必要性を説いた李登輝基金会の早川友久顧問の分析と指摘は、秀逸だ。

第1列島線の北端にある日本と台湾が、経済や産業、テクノロジーで連携を強固にできるかどうかが安全保障のカギになるとするエリス・コンサルティングの立花聡代表（マレーシア）

と、政治大学の李世暉教授（台湾）の処方箋こそが、最も急がれる戦略だろう。

日本と台湾は、その地理的近さ、歴史的な関係、人的往来の深さから、かけがえのない家族といえる。災害発生時の誠意に満ちた相互支援など、「善の循環」が生まれたとする台湾の元行政院長（首相）、謝長廷台北駐日経済文化代表処代表の観点は、信頼のよりどころだ。

改めてここで、日本と台湾を結ぶ重要な拠点である台北駐日経済文化代表処と、その代表で台湾の駐日大使にあたる謝長廷代表に、深く感謝を申し述べたい。ときに国際社会のなかで厳しい事態に襲われる台湾の海外拠点ながら、忍耐強く、力を尽くされている。

謝長廷駐日代表が記しているように、コロナ禍直前の２０１９年には日台の人的往来が年間延べ７００万人を突破した。中国が突然、輸入禁止にした台湾製パイナップルについては２０２１年、日本では爆発的といってもいい台湾支援ブームが起きている。

２０１１年３月の東日本大震災で台湾から贈られた総額３００億円近い義援金など、温かい支援の手への感謝の念と相互信頼感がその背景にある。

いかに日台の民間のつながりが深まったか、目に見える動きだった。しかも謝長廷代表の着任後、およそ5年で双方の地方自治体間が結んだ友好協定は73件も増え、１３４件になった。謝長廷代表が水面下で必死に、対日交流拡大に腐心した証だろう。

日本政府から無償提供された124万回分のアストラゼネカ製ワクチンを載せて台湾に向けて飛び立つ直前の日航機に、成田国際空港の滑走路で深々と頭を下げて謝意を示した台北駐日経済文化代表処の謝長廷代表（2021年6月4日、台北駐日経済文化代表処提供）

地方自治体のみならず、日台の鉄道や景勝地、観光地どうし、学校間の交流も加速度的に広がっている。日本の高校で海外への修学旅行先トップは台湾だ。こうした若者の直接のふれあいも10年後、20年後に国家間の信頼関係を醸成する力になる。

中国の政治的な妨害工作で、「新型コロナウイルスのワクチン調達が遅れている」と蔡英文総統が吐露した折も折、２０２１年６月４日、日本政府のスピード対応によって１２４万回分のアストラゼネカ製ワクチンが、台湾に無償で提供されることになった。

台湾では「患難見真情（まさかの時の友こそ真の友）」と評された。謝長廷代表はこの日、ワクチンを載せた台北桃園空港行き日本航空８０９便を見送りに成田空港に出向き、関係者に深く謝意を示した姿が感動を呼んだ。

さらに翌々日の6月6日、米上下院議員3人を乗せた空軍の輸送機が台北市内の松山空軍基地に到着し、ワクチン供与を表明するという異例の出来事もあった。台湾と日本と米国の連携プレーは着実に、有事に備えて動き始めていることの証左だ。

一般財団法人東アジア情勢研究会は、本書をベースに今後、日本や台湾での国際シンポジウムなど、さまざまな言論活動を通じて、民主主義社会の一員としての矜持を胸に、「平時」から「有事」への意識のシフトと早急な対処を各界に求めていく。

まさに「台湾有事」が目の前に迫りくる2021年。本書が一人でも多くの日本人、台湾人、国際社会の人々に読まれ、危機感を共有し、平和と安定、繁栄と自由のために誠の精神で、理想に向かって実践躬行し続けてくださることを、切に願っている。

2021年6月20日

産経新聞論説委員兼特別記者
一般財団法人東アジア情勢研究会理事
河崎眞澄

〈編者紹介〉
一般財団法人東アジア情勢研究会
2019年４月設立。東アジア情勢について様々な研究分析を行うと共に安全保障と経済連携の観点から諸方面に提言を行う一般財団法人として発足。討議会・交流会・講演会・シンポジウムの開催、会報の発行、各種セミナーの開催及び人材育成、政策提言集の発行、各国地域間の経済協力、交流及びビジネスマッチングの推進支援など、積極的な活動を展開している。理事長は元参議院議員の江口克彦。
info@east-asian.jp

台湾有事《たいわんゆうじ》 どうする 日本《につぽん》
2027年《ねん》までに中 国《ちゆうごく》の台湾侵奪《たいわんしんだつ》はあるか

2021年７月30日　第１版第１刷発行

編　者　一般財団法人東アジア情勢研究会
発行人　宮　下　研　一
発売所　株式会社方丈社
〒101-0051　東京都千代田区神田神保町1-32
星野ビル２Ｆ
Tel.03-3518-2272　Fax.03-3518-2273
https://www.hojosha.co.jp/

印刷所　中央精版印刷株式会社

ISBN978-4-908925-81-8

方丈社の本

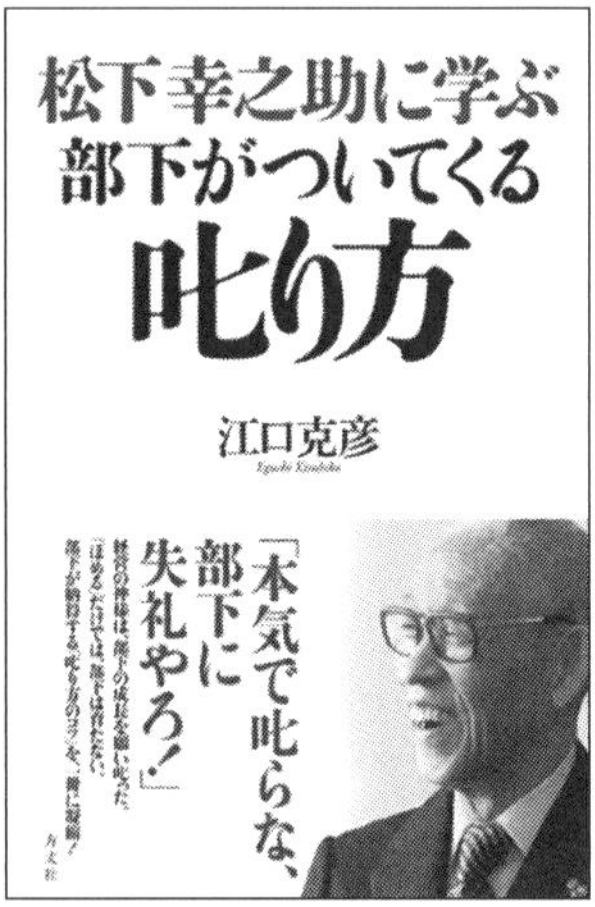

松下幸之助に学ぶ
部下がついてくる叱り方

江口克彦 著

叱るときは本気で叱らなければ、部下に失礼だ！　経営の神様といわれた松下幸之助は、人を育てることに人一倍熱心な経営者でもあった。そこには「事業は人なり」、人間として成長しない人をもつ事業は決して成功するものではないという深い信念があったのだ。だからこそ部下を叱るときは、その成長を願いつつ真剣に叱ったという。パワハラ、うつ病配慮と、何かと叱るのがむずかしくなった時代。しかし、叱ることを恐れていては部下は決して育つものではない。部下が納得し、成長する「叱り方のコツ」を一冊に凝縮！

四六並製　224頁　定価:1,500円＋税　ISBN：978-4-908925-10-8